山西省明长城资源调查报告

山西省文物局　编著

第 五 册

文物出版社

长城要素图例

明　　　　　　　　　　　山险墙

汉　　　　　　　　　　　山险

北魏　　　　　　　　　　壕沟

北齐　　　　　　　　　　关

时代叠压　　　　　　　　堡

土墙　　　　　　　　　　烽火台

石墙　　　　　　　　　　城楼

砖墙　　　　　　　　　　关门

消失的墙体

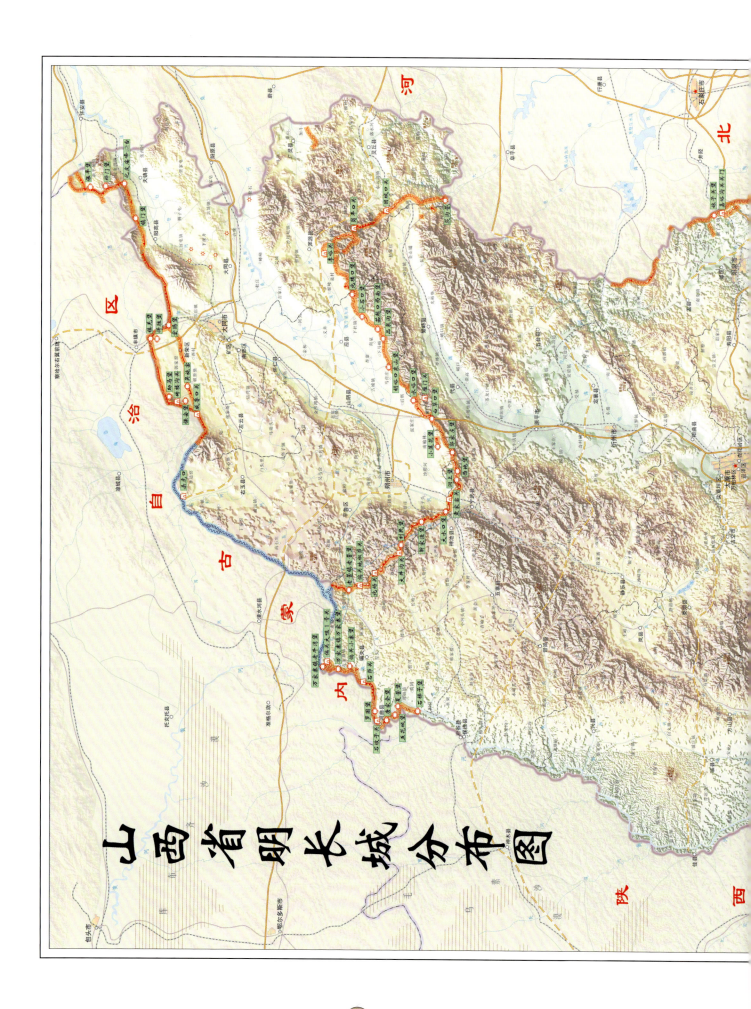

山西省明长城分布图

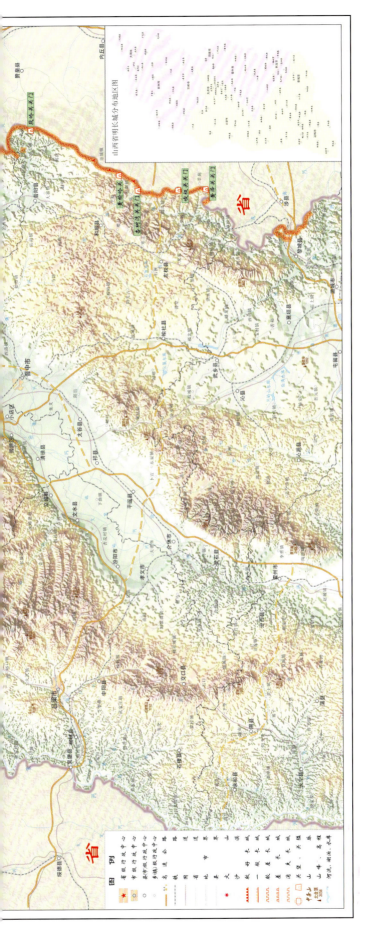

地图一　山西省明长城分布图

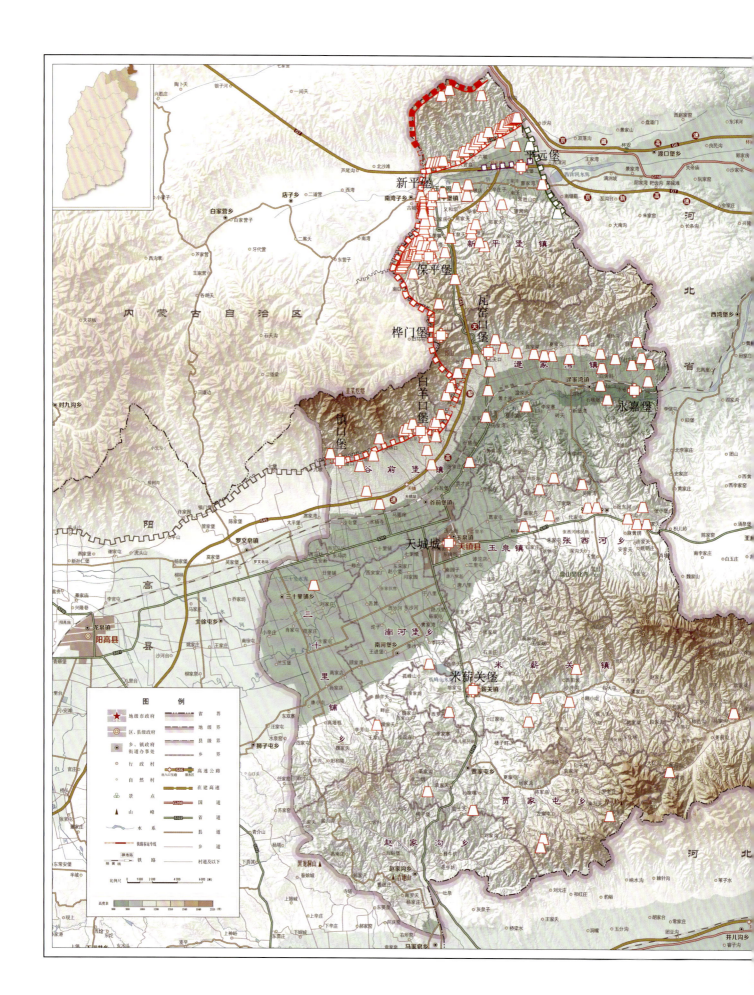

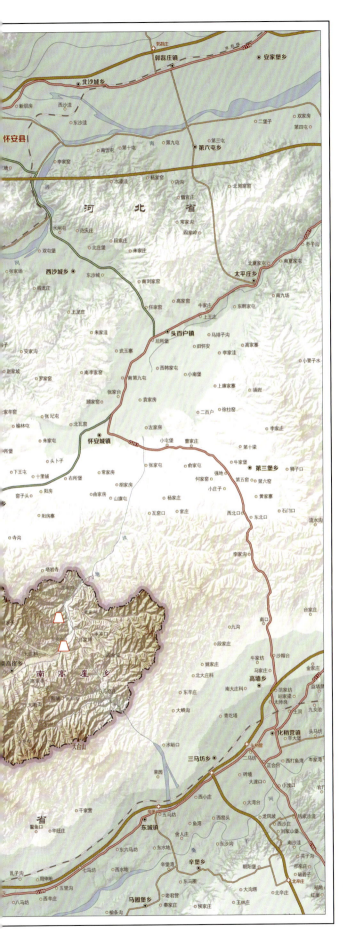

地图二　天镇县明长城分布图

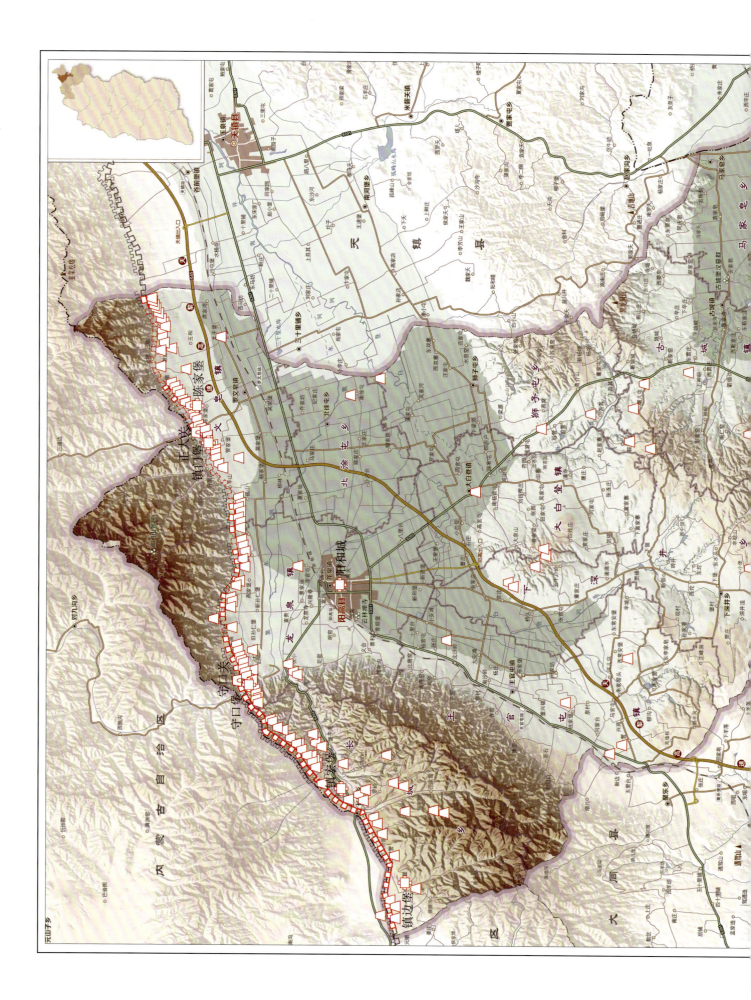

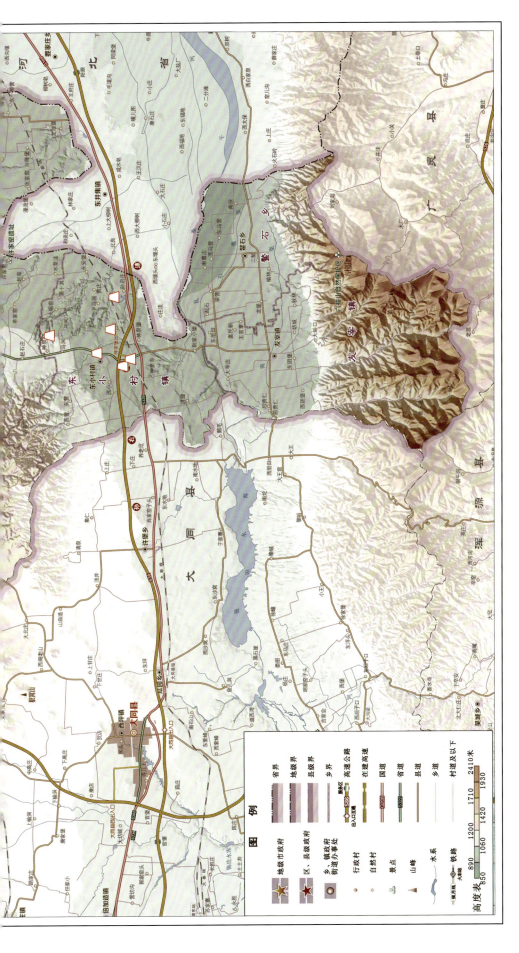

地图三　阳高县明长城分布图

6千米

0　2　4

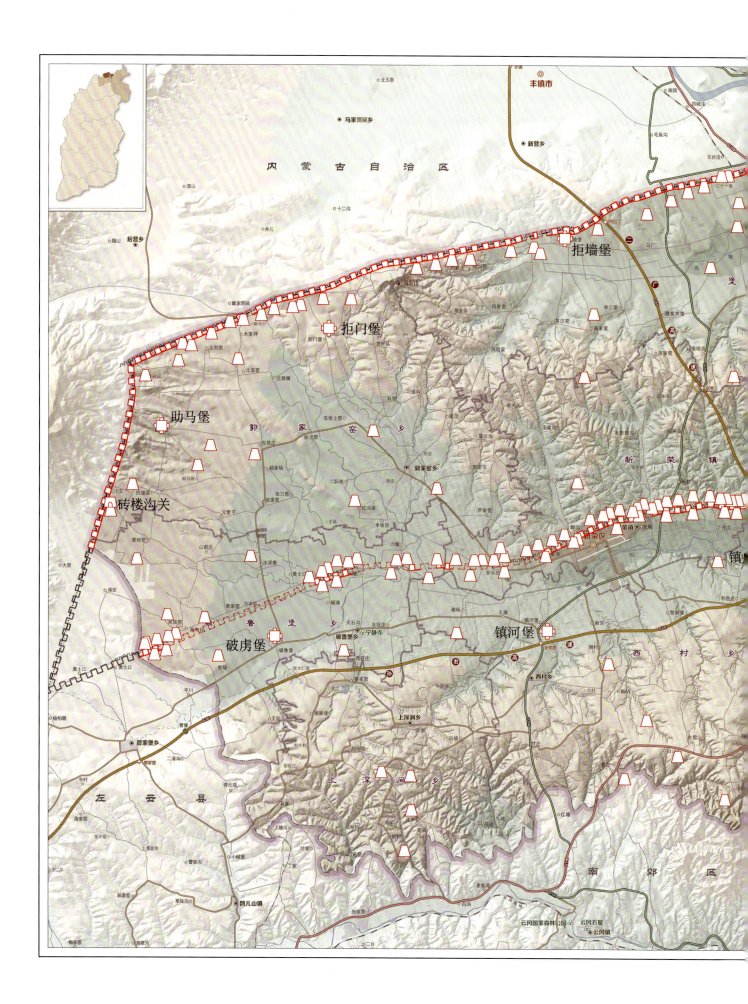

丰镇市

内蒙古自治区

拒墙堡

拒门堡

助马堡

砖楼沟关

鲁家窑乡

破房堡

镇河堡

郭家窑乡

新荣镇

新荣区

镇

左云县

西村乡

上深涧乡

南郊区

云冈国家森林公园 云冈石窟
云冈镇

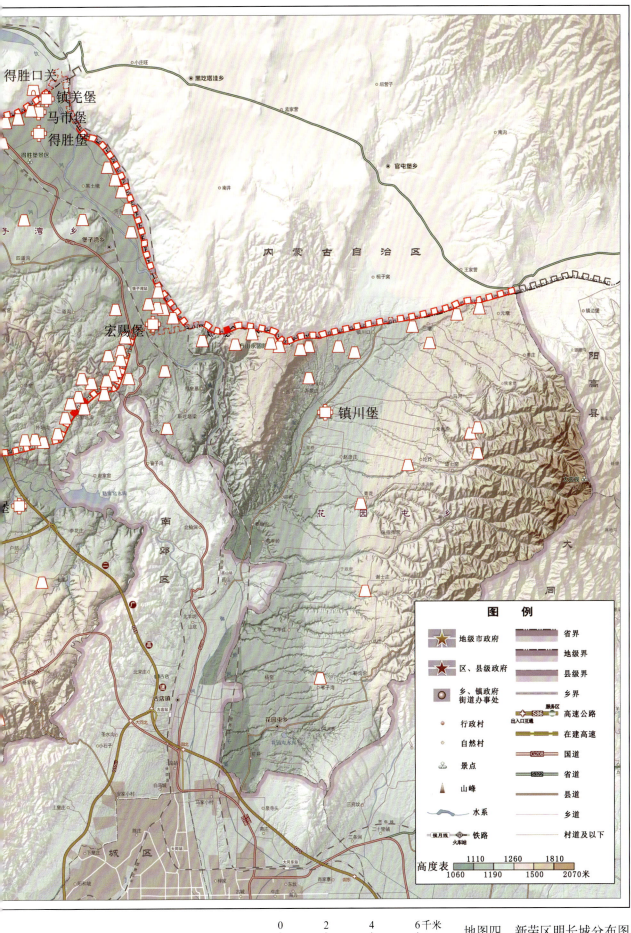

得胜口关
镇羌堡
马市堡
得胜堡

宏赐堡

镇川堡

内蒙古自治区

阳高县

南郊区

城区

图　例

地级市政府
区、县级政府
乡、镇政府街道办事处
行政村
自然村
景点
山峰
水系
镇月线　铁路
火车站

省界
地级界
县级界
乡界
S86　服务区　高速公路
出入口互通
在建高速
G208　国道
S32　省道
县道
乡道
村道及以下

高度表
1060 1110 1190 1260 1500 1810 2070米

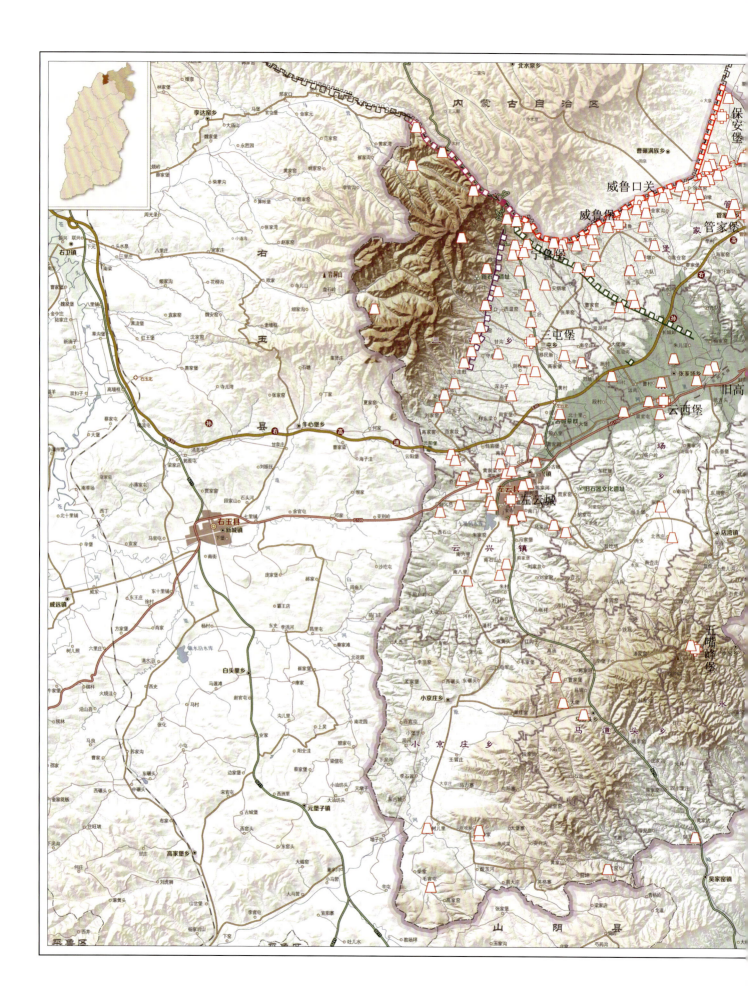

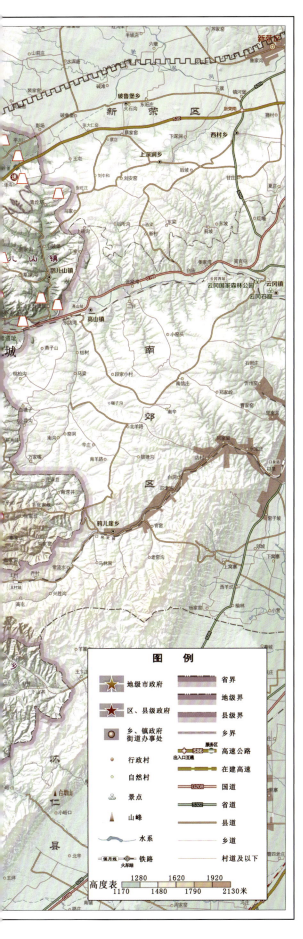

地图五　左云县明长城分布图

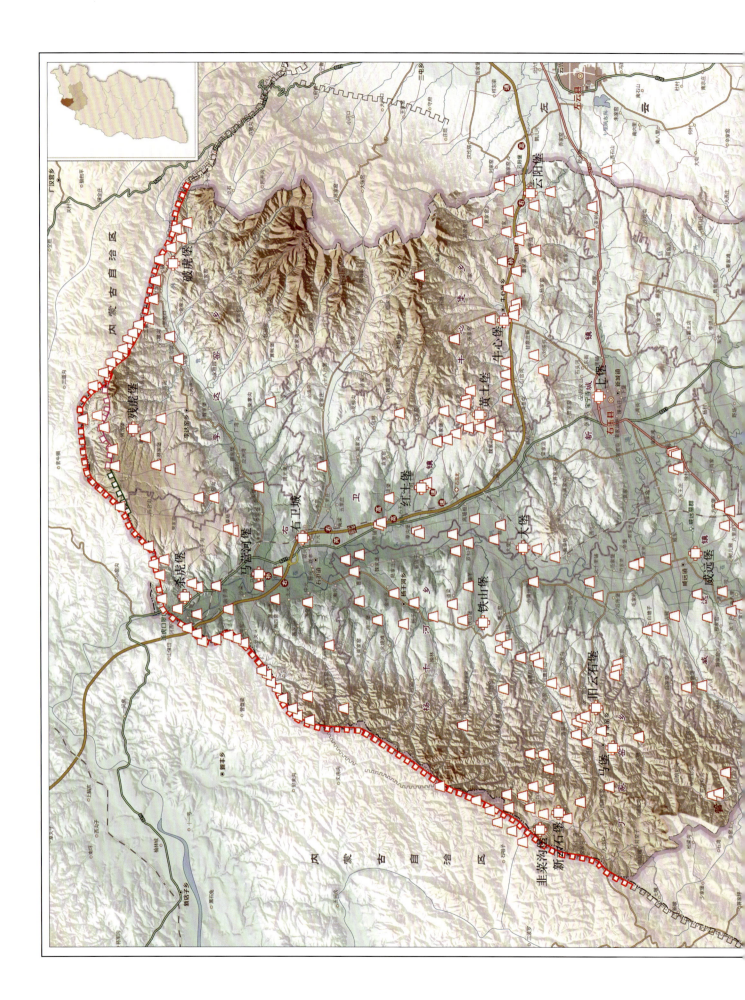

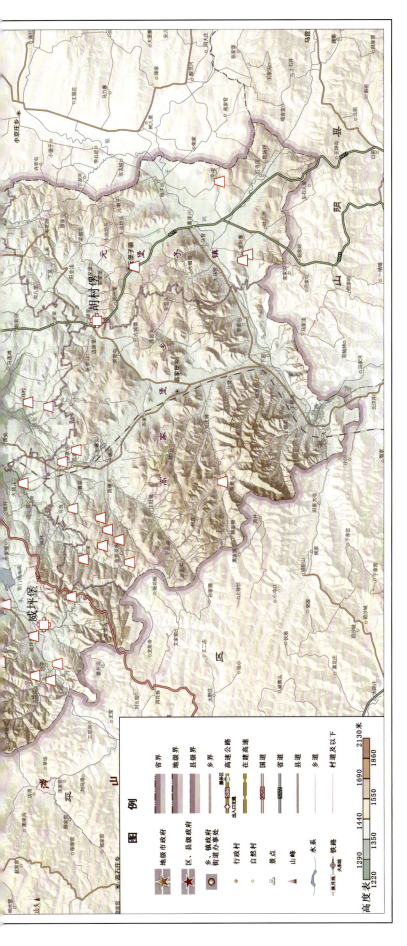

地图六　右玉县明长城分布图

0　　3　　6　　9千米

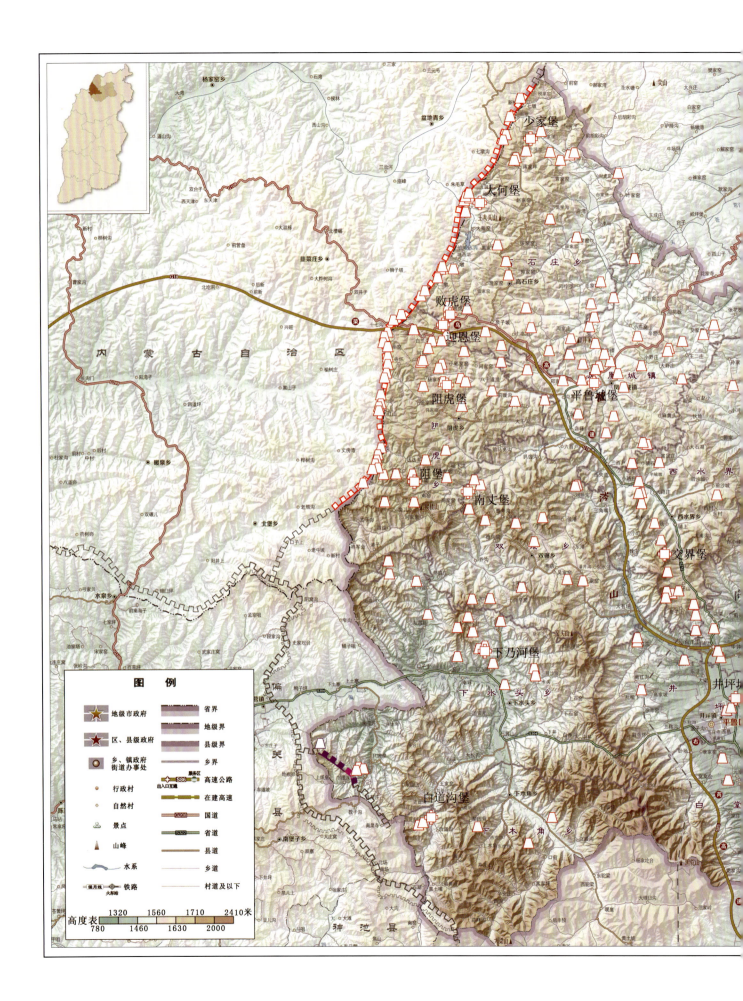

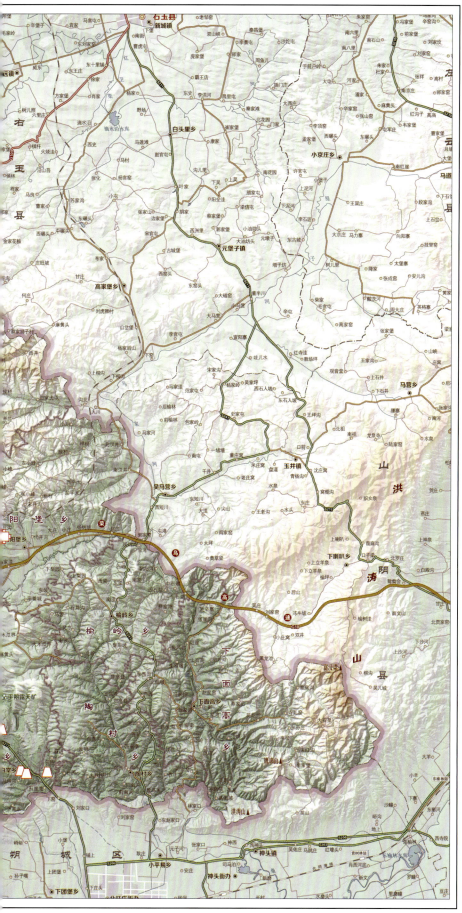

0　　　4　　　8　　　12千米

地图七　平鲁区明长城分布图

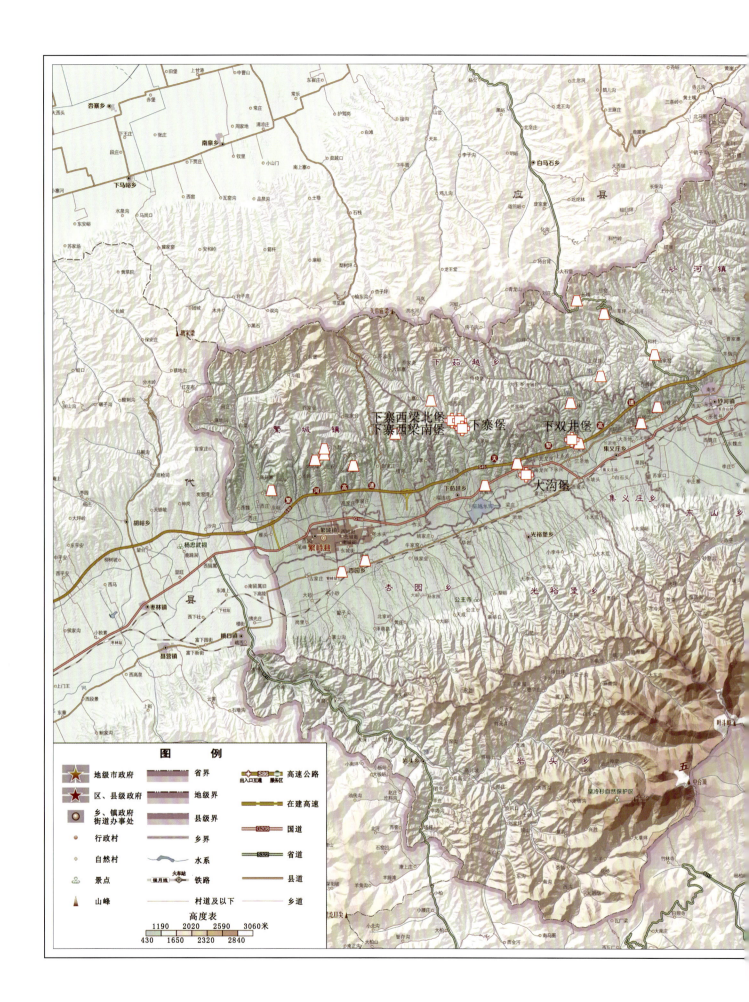

下寨西梁北堡
下寨西梁南堡　　　下寨堡　　　　下双井堡

大沟堡

繁峙县

图　例

地级市政府	省界	S86 高速公路 出入口互通　服务区
区、县级政府	地级界	在建高速
乡、镇政府 街道办事处	县级界	G208 国道
行政村	乡界	S322 省道
自然村	水系	县道
景点	铁路	
山峰	村道及以下	乡道

火车站
複月线

高度表

430　　1190　　2020　　2590　　3060米
　　1650　　2320　　2840

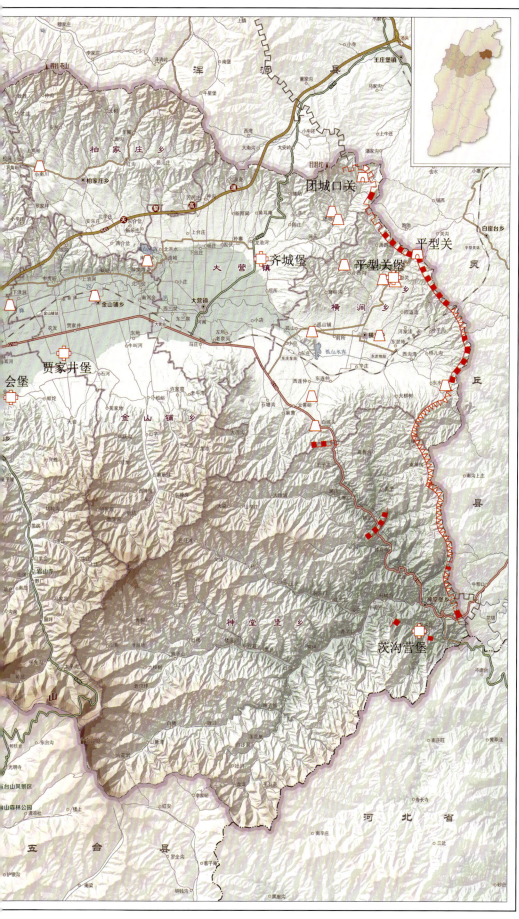

地图八　繁峙县明长城分布图

0　　3　　6　　9千米

2391

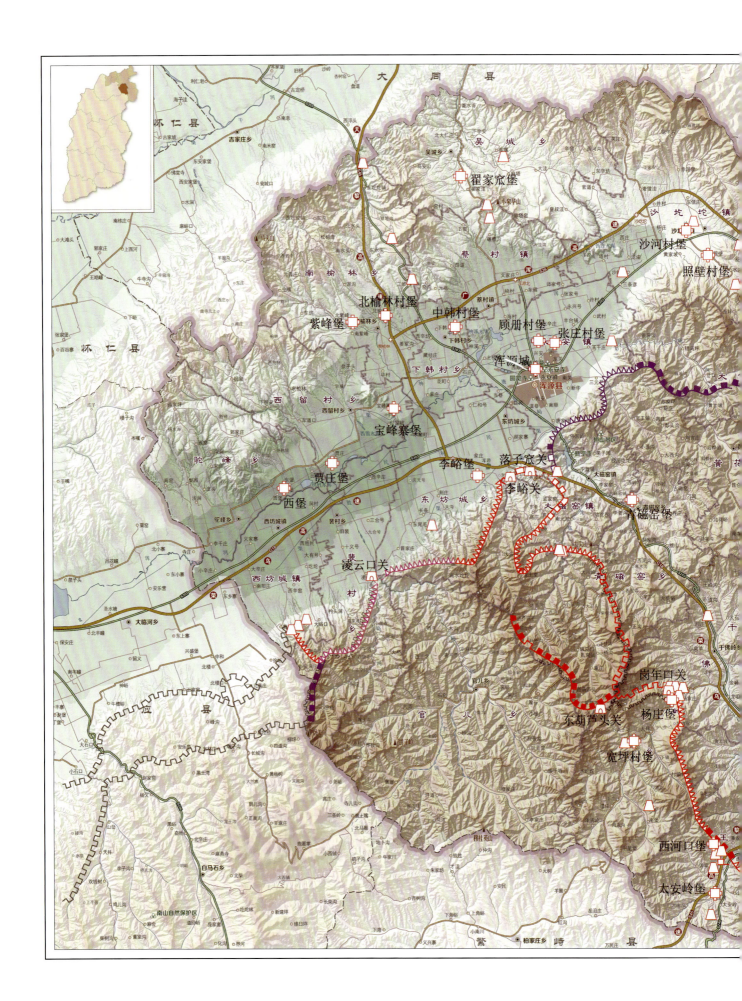

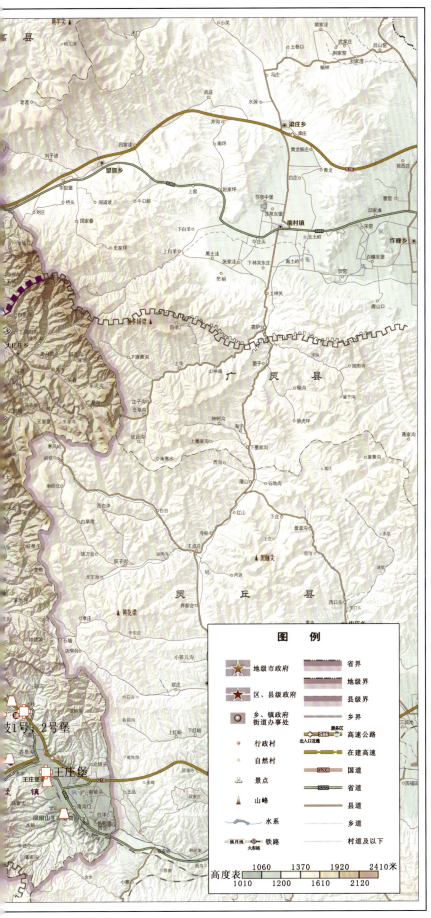

图 例

☆ 地级市政府	省界
★ 区、县级政府	地级界
◎ 乡、镇政府 街道办事处	县级界
◦ 行政村	乡界
◦ 自然村	高速公路
🏞 景点	在建高速
▲ 山峰	国道
〰 水系	省道
🚉 铁路 火车站	县道
	乡道
	村道及以下

高度表　1060　1370　1920　2410米
　　　　1010　1200　1610　2120

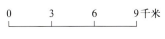

0　　　3　　　6　　　9千米

地图九　浑源县明长城分布图

2393

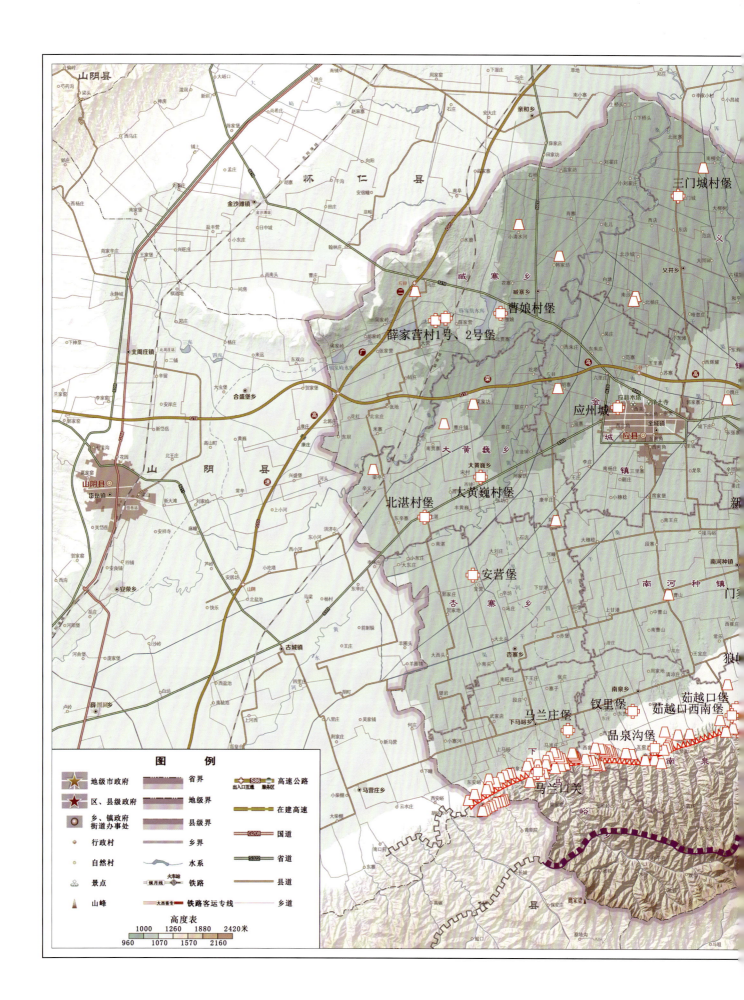

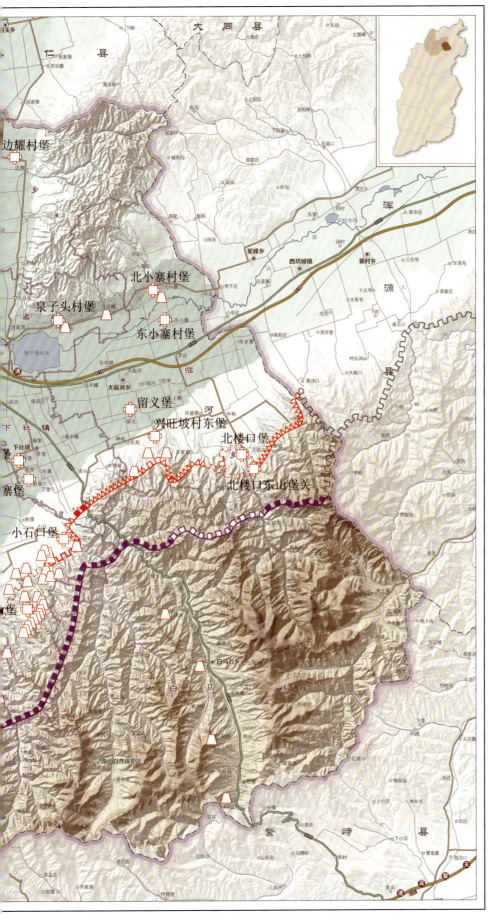

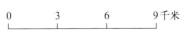

地图一〇　应县明长城分布图

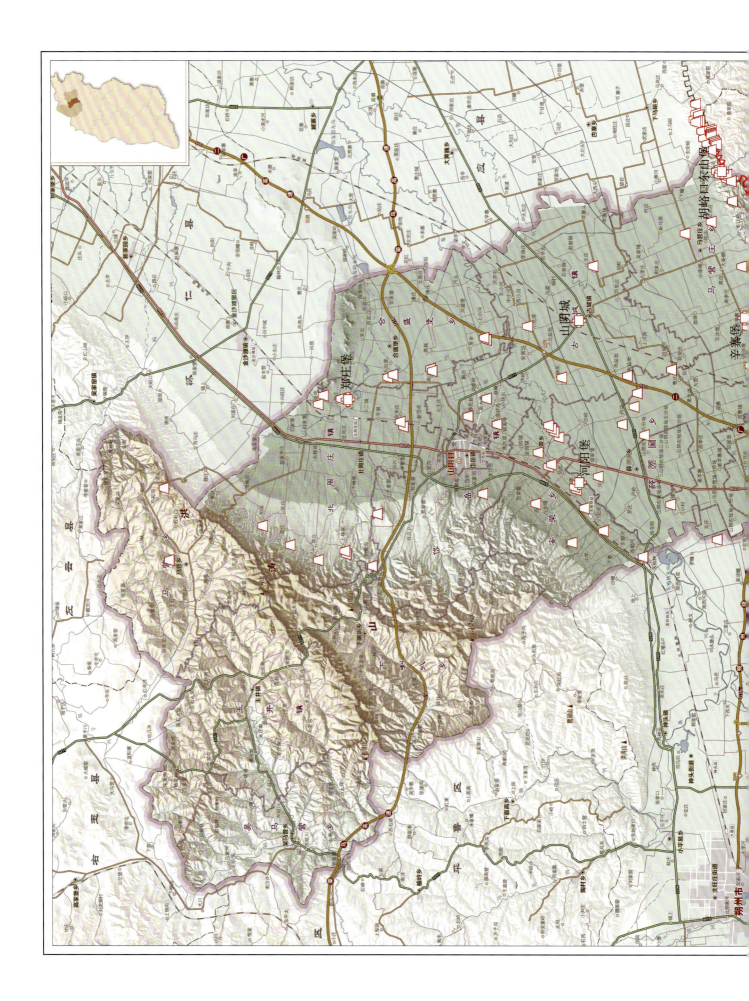

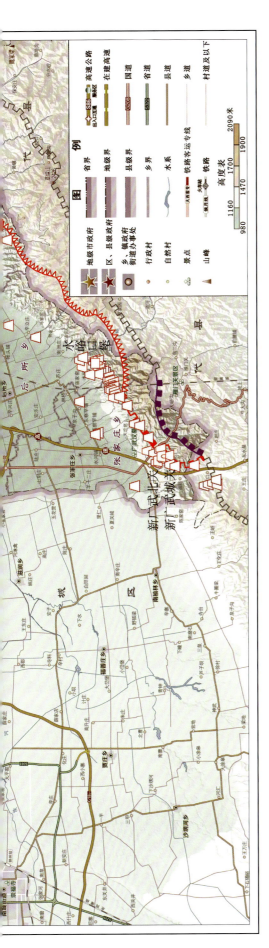

地图一 山阴县明长城分布图

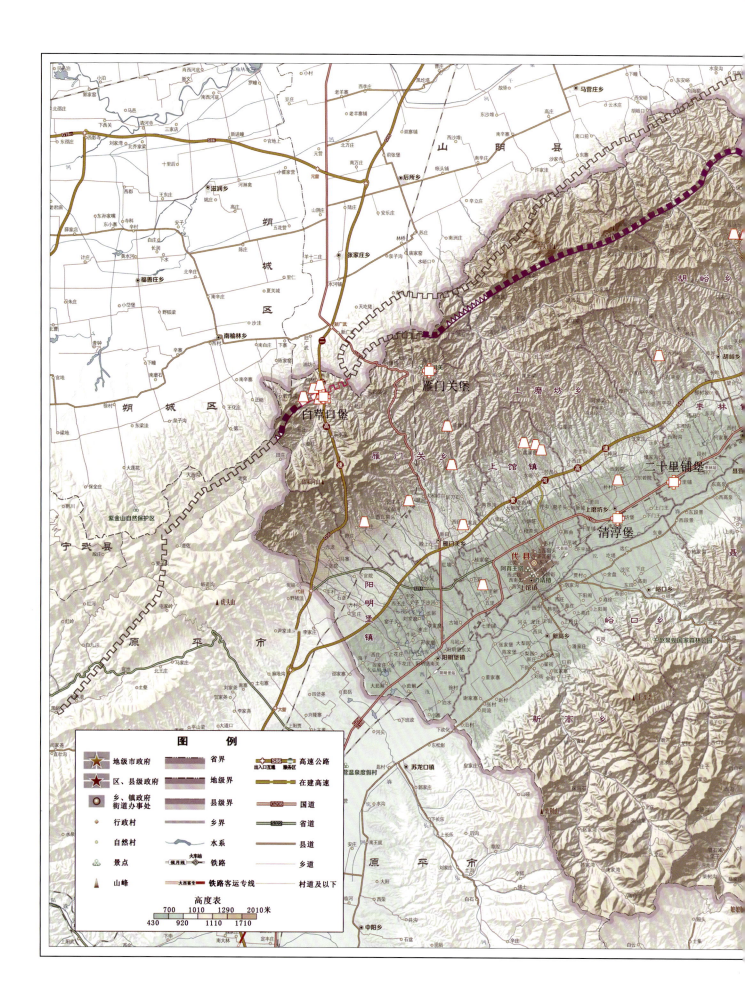

图 例

地级市政府　　省界　　高速公路
区、县级政府　　地级界　　在建高速
乡、镇政府
街道办事处　　县级界　　国道
行政村　　乡界　　省道
自然村　　水系　　县道
景点　　火车站　　乡道
山峰　　铁路　　村道及以下
铁路客运专线

高度表

430　700　920　1010　1110　1290　1710　2010米

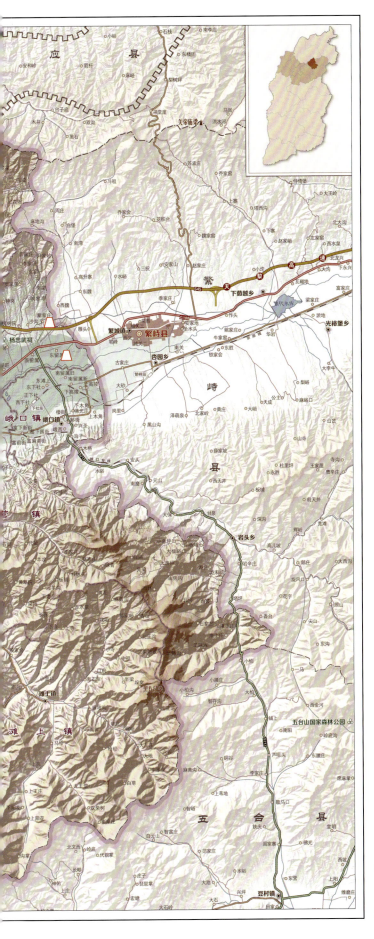

地图一二　代县明长城分布图

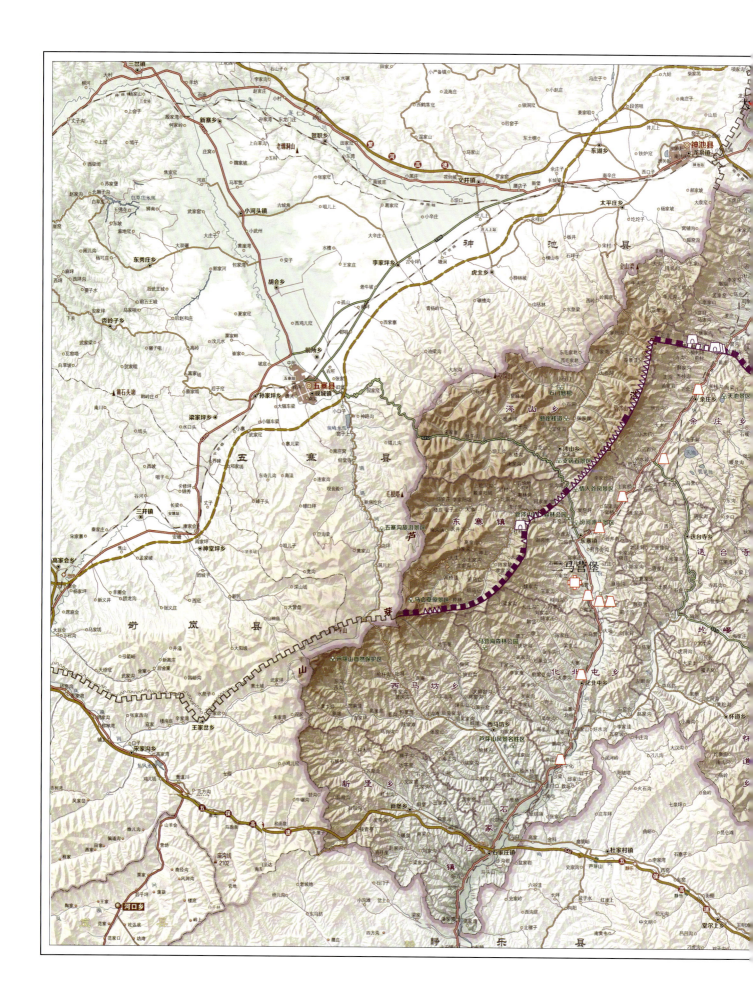

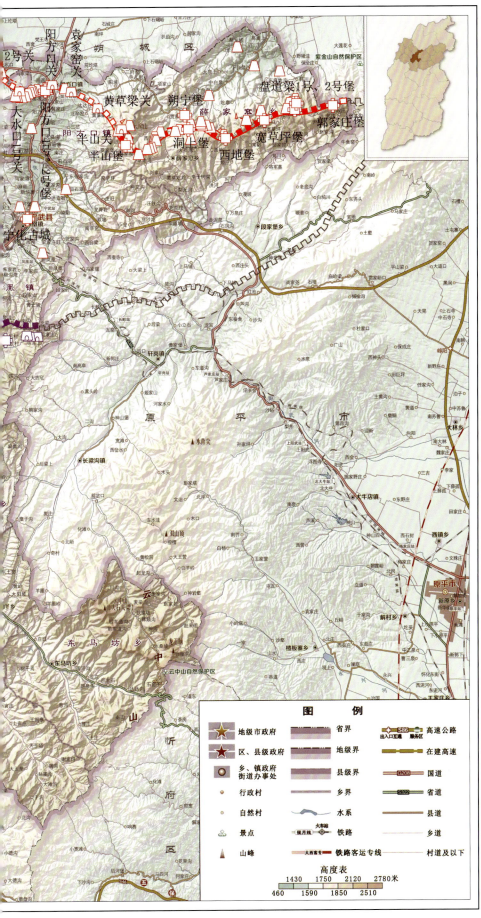

图 例

地级市政府	省界	 高速公路
区、县级政府	地级界	在建高速
乡、镇政府街道办事处	县级界	国道
行政村	乡界	省道
自然村	水系	县道
景点	铁路	乡道
山峰	铁路客运专线	村道及以下

高度表

| 1430 | 1750 | 2120 | 2780米 |
| 460 | 1590 | 1850 | 2510 |

地图一三　宁武县明长城分布图

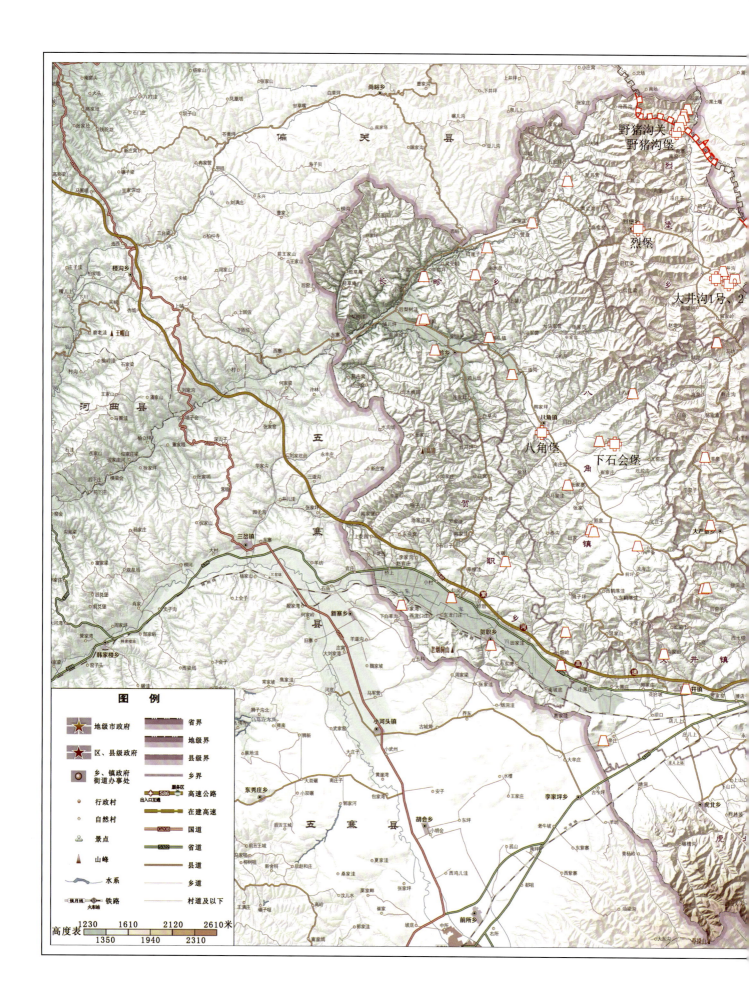

野猪沟关
野猪沟堡

烈堡

大井沟1号、2

八角镇
八角堡

下石会堡

镇

三岔镇

新寨乡

贺职乡

老塔洞山

小河头镇

东秀庄乡

胡会乡

李家坪乡

五寨县

前所乡

河曲县

偏关县

天镇县

长

五寨县

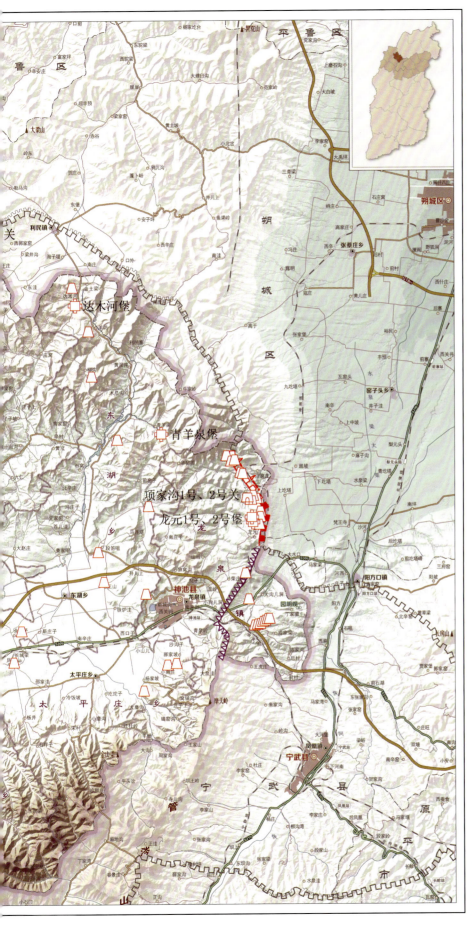

青羊泉堡

项家沟1号、2号关

龙元1号、2号堡

达木河堡

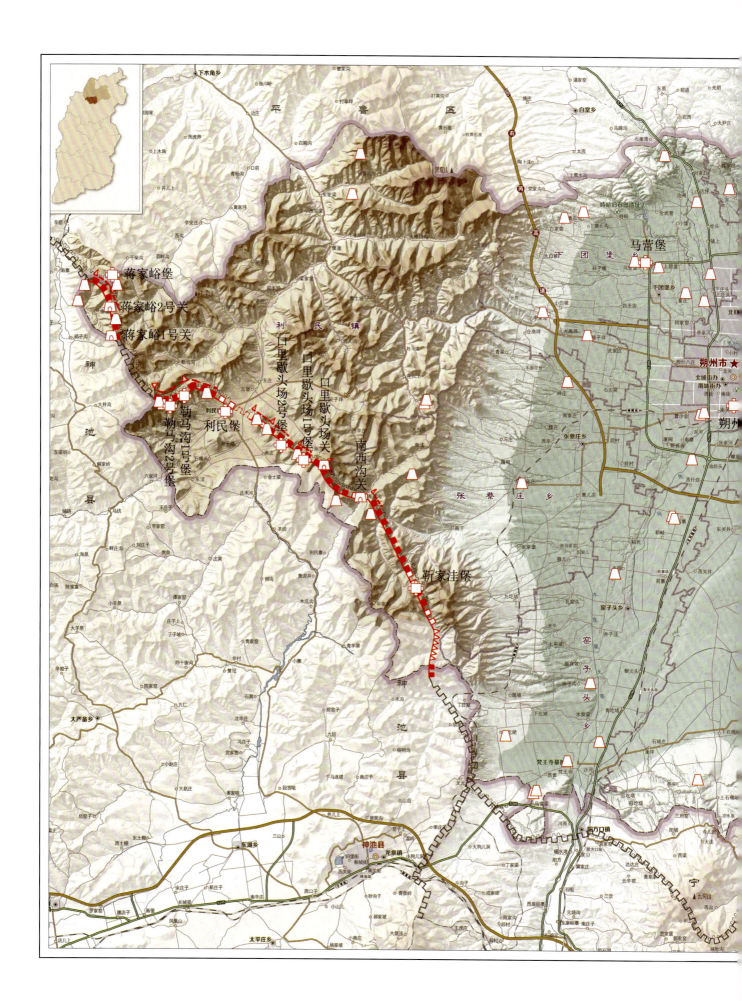

蒋家峪堡
蒋家峪2号关
蒋家峪1号关
利口里歇头场2号堡
口里歇头场1号堡
口里歇头场关
南西沟关
勒马沟1号堡
勒马沟2号堡
利民堡
靳家洼堡
马营堡
朔州市
神池县
龙泉镇
八角口镇

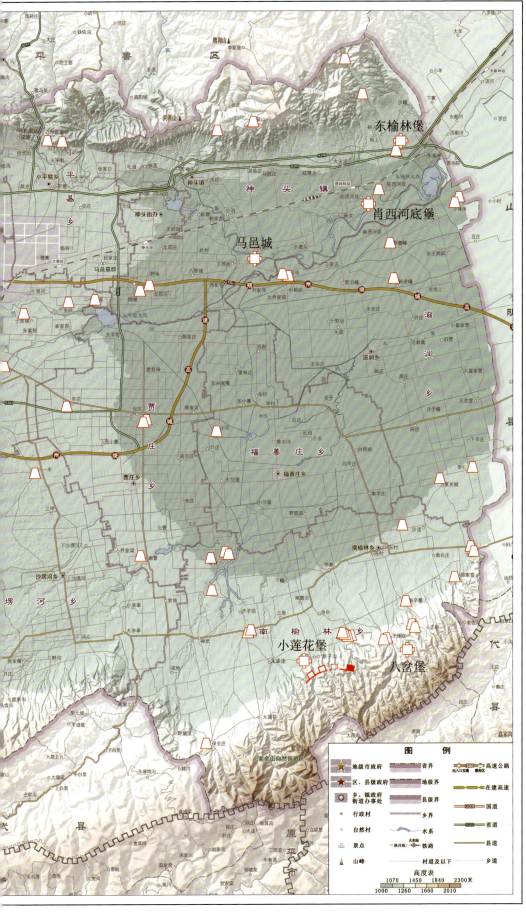

东榆林堡

肖西河底堡

马邑城

马邑墓群

贾庄乡

福善庄乡

南榆林乡

南榆林乡

小莲花堡

八盆堡

滋润乡

紫金山自然保护区

0 3 6 9千米

地图一五 朔城区明长城分布图

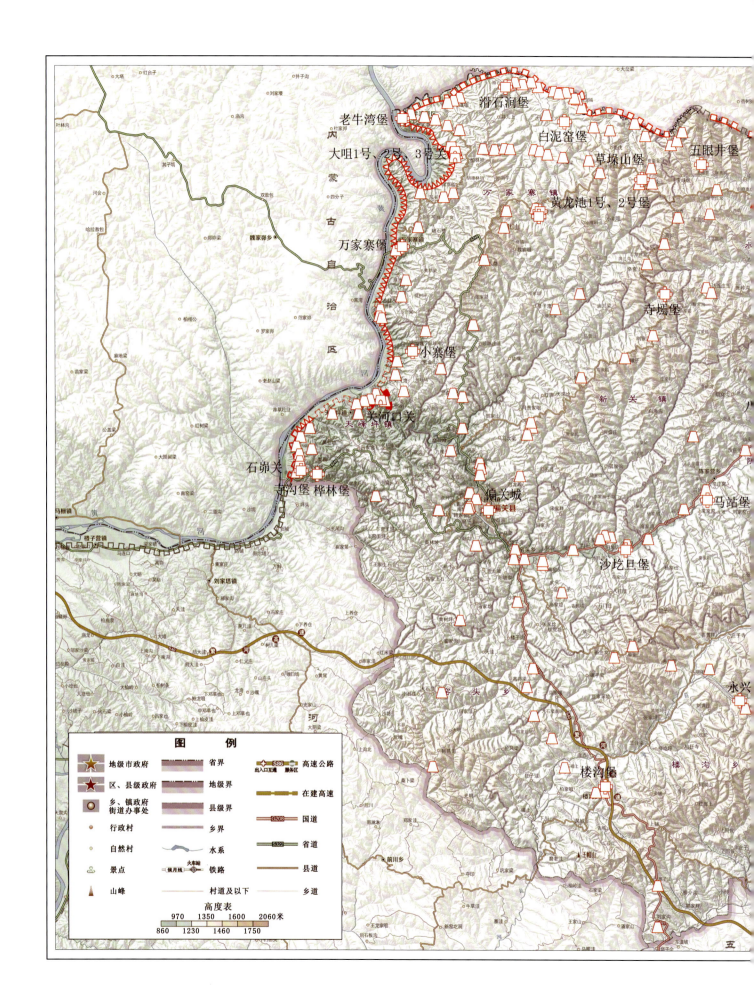

图 例

★ 地级市政府		省界	S86 高速公路 出入口互通 服务区
★ 区、县级政府		地级界	在建高速
◎ 乡、镇政府 街道办事处		县级界	G208 国道
● 行政村		乡界	S322 省道
○ 自然村	水系		县道
⚲ 景点	火车站 倒月线 铁路		乡道
▲ 山峰	村道及以下		

高度表
970　1350　1600　2060米
860　1230　1460　1750

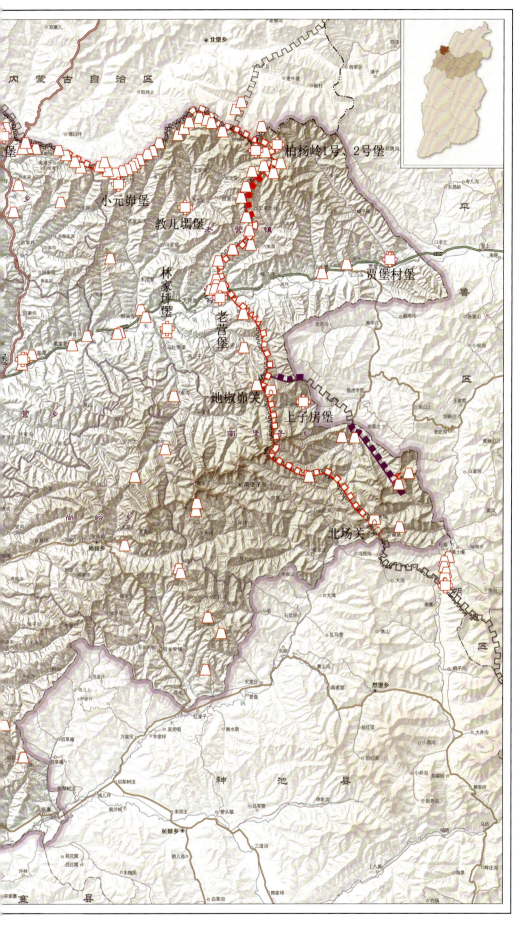

内蒙古自治区

柏杨岭1号、2号堡

小元峁堡

教儿墕堡

贾堡村堡

林家坪堡

老营堡

地椒峁关

上子房堡

北场关

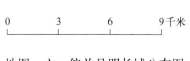

| 0 | 3 | 6 | 9千米 |

地图一六　偏关县明长城分布图

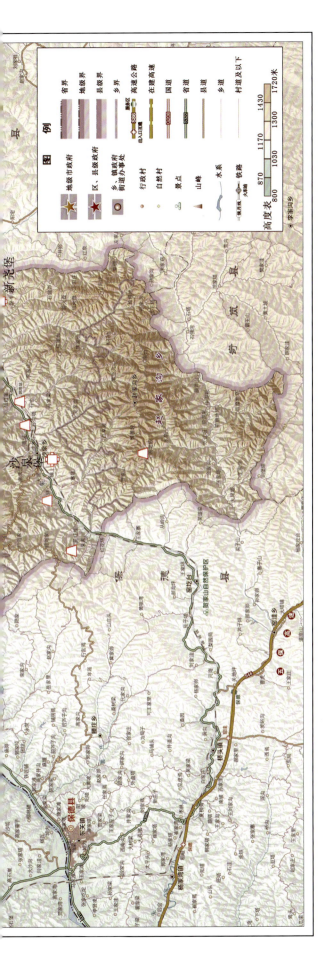

图　例

省界	地级市政府
地级界	区、县级政府
县级界	乡、镇政府 街道办事处
乡界	行政村
高速公路	自然村
在建高速	景点
国道	山峰
省道	水系
县道	铁路 火车站
乡道	
村道及以下	

高度表

800　870　1030　1170　1300　1430　1720米

地图一七　河曲县明长城分布图

0　　3　　6　　9千米

2409

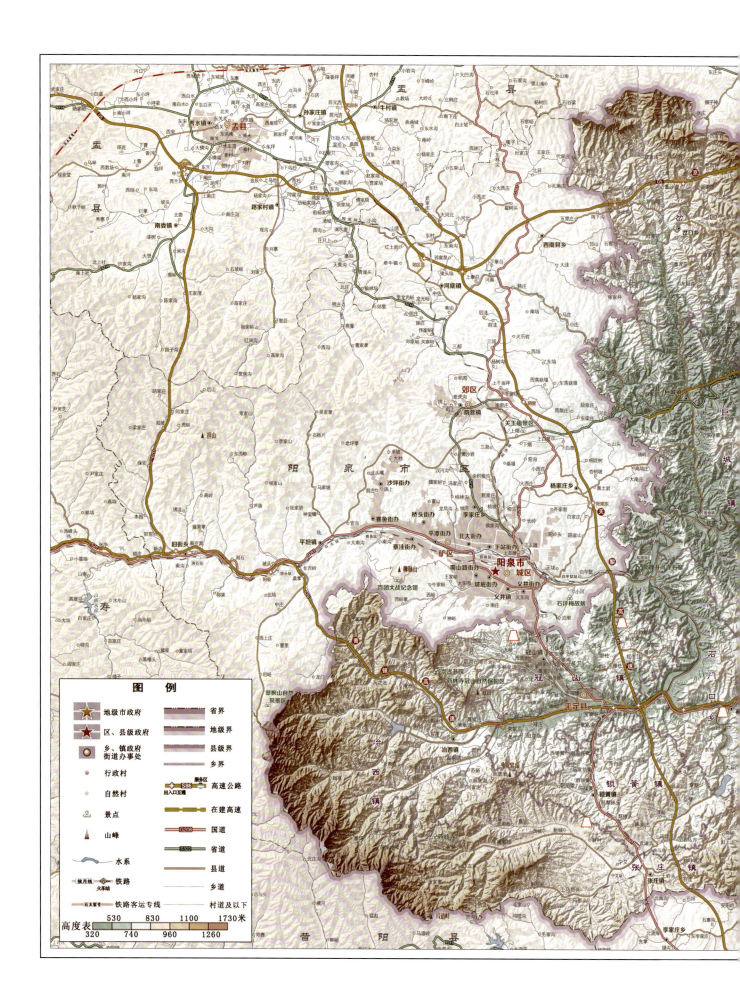

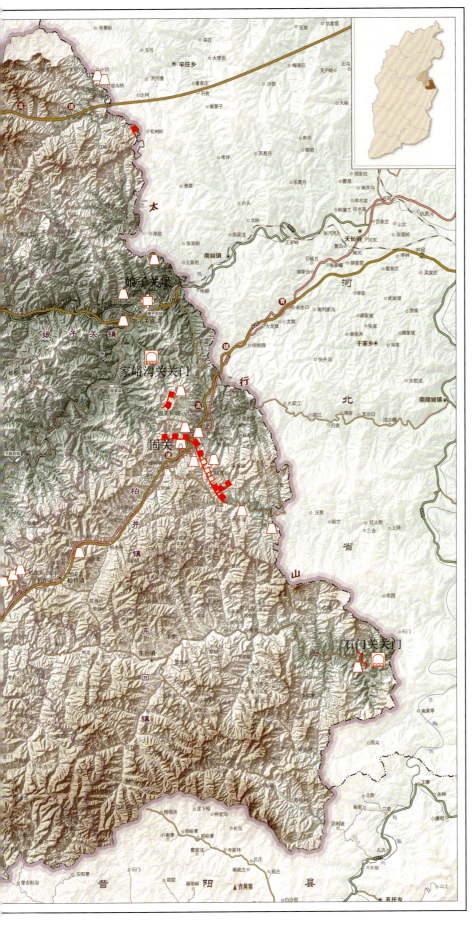

地图一八　平定县明长城分布图

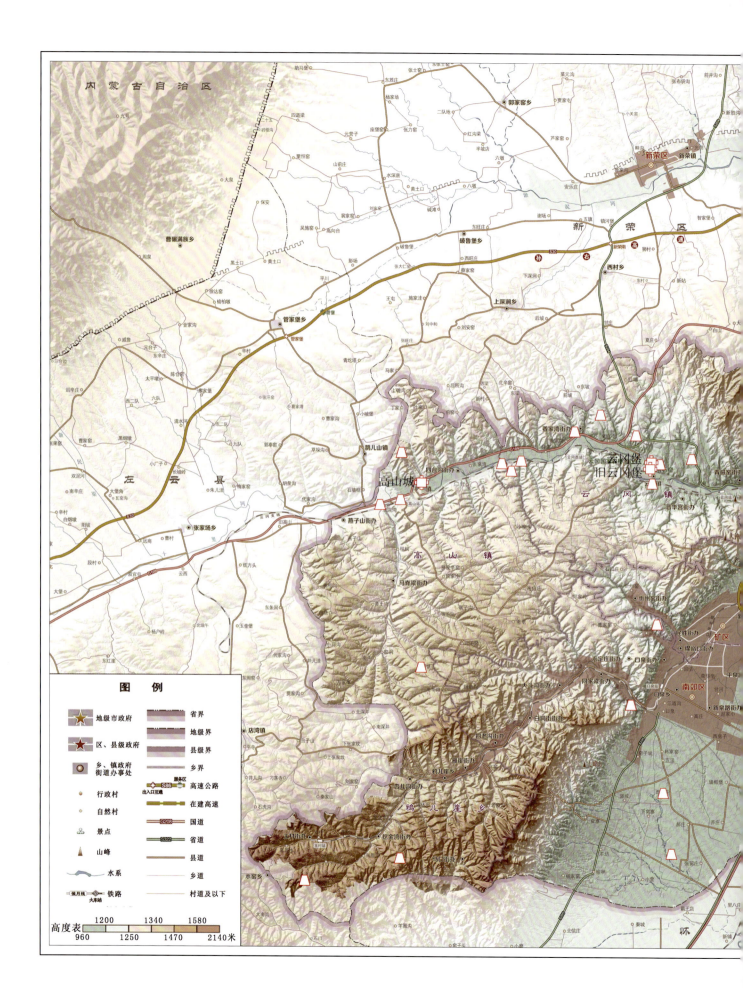

内蒙古自治区

新荣区
新荣镇

新 荣 区

左 云 县

管家堡乡

曹碛满族乡

西村乡

破鲁堡乡

上深涧乡

韵儿山镇

高山城

云冈堡
旧云冈堡

高 山 镇

燕子山街办

张家场乡

店湾镇

鸦 儿 崖 乡

南郊区

矿区

图　例

地级市政府	省界
区、县级政府	地级界
乡、镇政府 街道办事处	县级界
行政村	乡界
自然村	服务区 S86 高速公路
景点	出入口互通 在建高速
山峰	G208 国道
水系	S822 省道
镇月线 火车站 铁路	县道
	乡道
	村道及以下

高度表

| 960 | 1200 | 1250 | 1340 | 1470 | 1580 | 2140米 |

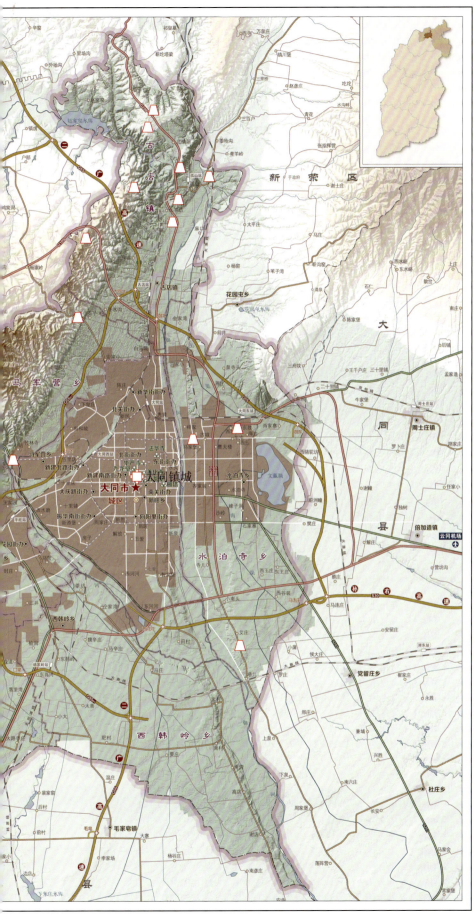

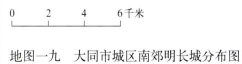

地图一九　大同市城区南郊明长城分布图

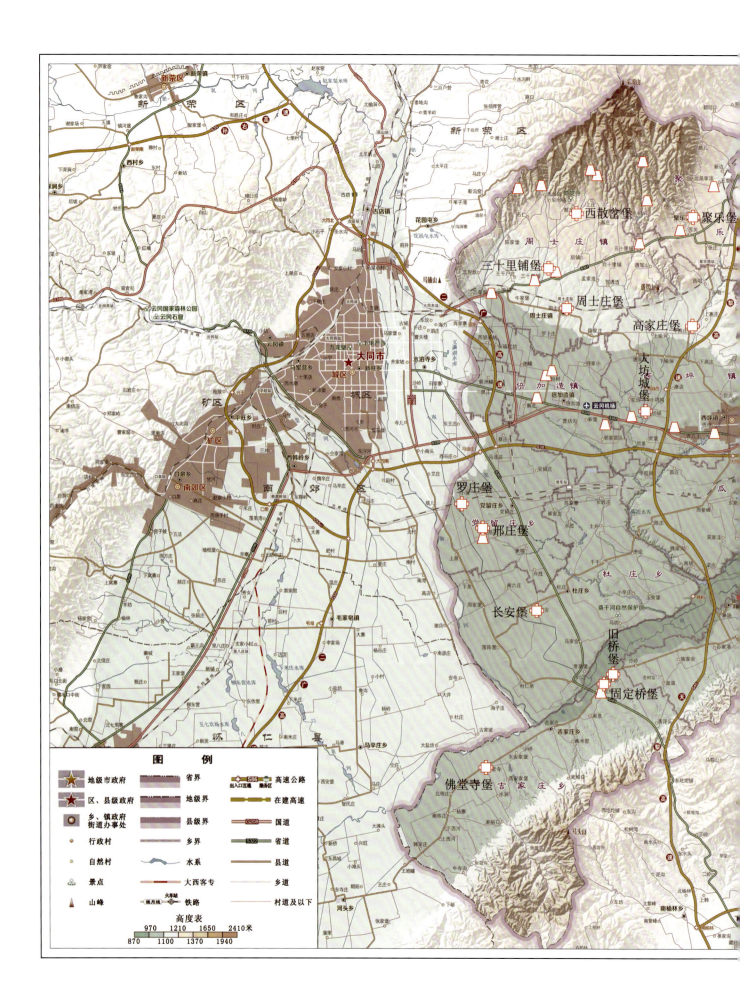

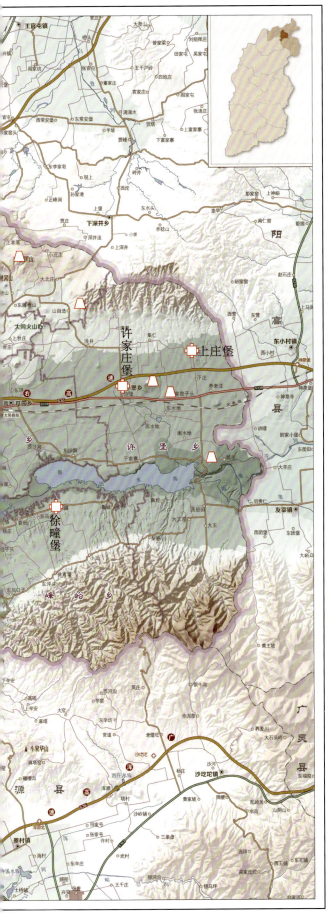

地图二〇　大同县明长城分布图

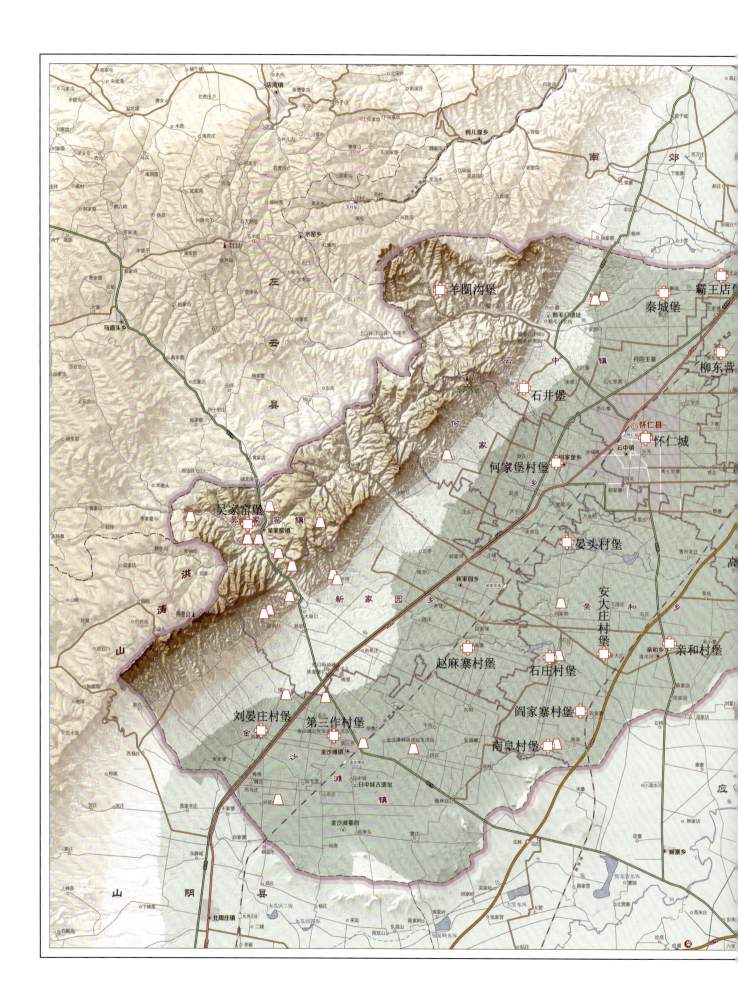

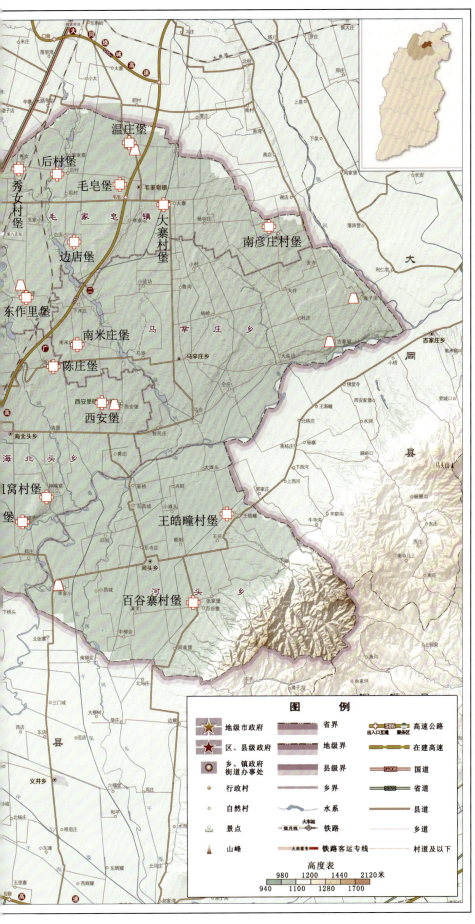

0　　2　　4　　6千米

地图二一　怀仁县明长城分布图

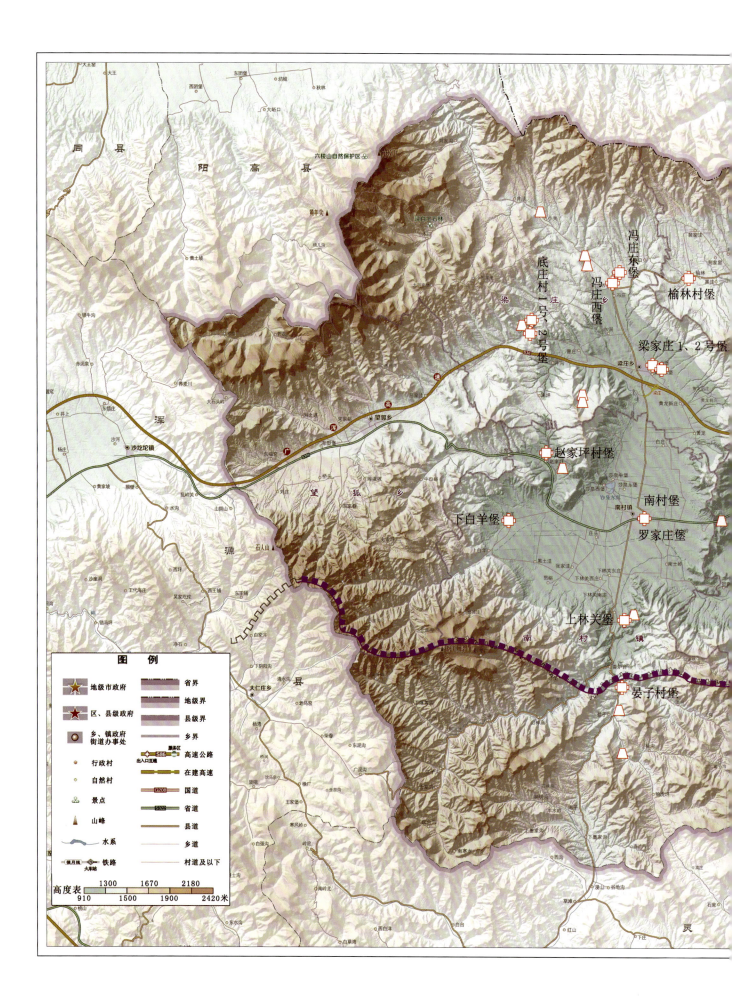

图 例

地级市政府
区、县级政府
乡、镇政府
街道办事处

行政村
自然村
景点
山峰
水系
铁路

省界
地级界
县级界
乡界
高速公路
在建高速
国道
省道
县道
乡道
村道及以下

服务区
出入口互通

高度表　1300　1670　2180
910　1500　1900　2420米

同　县　阳　高　县
六棱山自然保护区
黄羊尖▲
汉白玉石林
梁
庄
乡
黄土坡
底庄村一号、2号堡
冯庄东堡
冯庄西堡
榆林村堡
梁家庄1、2号堡
浑
沙圪坨镇
望　狐　乡
赵家坪村堡
南村堡
下白羊堡
罗家庄堡
源
五人山▲
县
大仁庄乡
上林关堡
南　村　镇
晏子村堡
灵

殷家庄堡

东蕉山东堡

中蕉山堡

井子洼村堡

西蕉山村1号堡
2号

西马庄堡

平城北堡

西堡

登场堡

西姚疃村堡

东姚疃村堡

南加斗村堡

宜兴堡

直峪村堡

0   2   4   6千米

地图二二　广灵县明长城分布图

彩图一　山西省明长城资源调查动员会
（2007年4月24日）

彩图二　山西省明长城资源调查阶段性工作会议
（2008年1月25日）

彩图三　山西省明长城资源田野调查总结会
（2008年8月21日）

彩图四　大同山西省长城资源调查首期培训

彩图五　培训期间专家实地讲解GPS定位仪使用方法

彩图六　学员在大同市新荣区得胜堡实习

彩图七　读图确定调查路线

彩图八　走访乡民

彩图九　问路

彩图一〇　徒步进入调查区域

彩图一一　艰难穿过灌木丛林

彩图一二　攀爬

彩图一三　助力上行

彩图一四　夜行

彩图一五　现场测量

彩图一六　现场判读　　　　　　　　　　　彩图一七　影像图上刺点

彩图一八　现场记录　　　　　　　　　　　彩图一九　拓碑

彩图二〇　野外午饭　　　　　　　　　　　彩图二一　野外午休

　　　　　　　　　　　　　　　　　　　　彩图二二　整理当日调查资料

彩图二三　山西省文物局局长施联秀在左云县考察　　　　彩图二四　山西省文物局局长施联秀在左云县考察
　　　　　明长城资源田野调查工作　　　　　　　　　　　　　　　　明长城资源田野调查工作

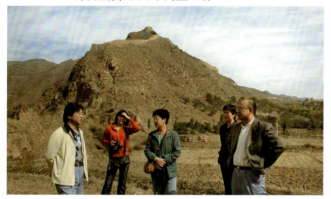

彩图二五　山西省文物局文物管理处处长董养忠在　　　　彩图二六　全国明长城资源调查资料检查验收试点
　　　　　天镇县考察明长城资源田野调查工作　　　　　　　　　　　工作会议现场（2009年4月）

彩图二七　国家文物局文物保护与考古司世界遗产处　　　彩图二八　国家长城资源调查项目组专家杨招君
　　　　　副处长刘华彬考察偏关县老营堡　　　　　　　　　　　　　在宁武县考察

彩图二九　国家长城资源调查项目组专家杨招君考察
　　　　　偏关县护宁寺

彩图三〇　平远头村长城2段G0007（断点）—G0008（止点、平远头村3号敌台）间墙体南侧

彩图三一　八墩村长城1段G0016（断点）—G0017（止点、八墩村1号敌台）间墙体南侧

彩图三二　八墩村长城2段G0019（断点）—G0020（止点、八墩村2号敌台）间墙体北侧

彩图三三　八墩村长城4段G0037（断点）—G0039（断点）间墙体北侧

彩图三四　十六墩长城1段G0049（断点）—G0050（十六墩村2号敌台）间墙体北侧

彩图三五　十六墩村长城2段G0053（断点）—G0054（断点）间墙体南侧防空洞

彩图三六　二十墩村长城 G 0064（断点）—G 0067（断点）间墙体夯层

彩图三七　二十墩村长城 G 0068（断点）—G 0070（止点、二十墩村 4 号敌台）间墙体南侧

2429

彩图三八　新平尔村长城1段G0073（断点）处墙体

彩图三九　新平尔村长城2段G0078（起点、新平尔村3号敌台）—G0227（断点）间墙体东侧

彩图四〇　双山长城2段 G 0091（拐点）—G 0092（止点、折点）间墙体西北侧

彩图四一　双山长城2段 G 0091（拐点）—G 0092（止点、折点）间墙体西北侧局部

彩图四二　双山长城4段 G 0102（折点）—G 0104（止点、折点）间墙体走向

彩图四三　双山长城7段 G 0121（断点）—G 0124（折点）间墙体俯视

彩图四四　双山长城11段 G 0143（起点、折点）—G 0151（止点、折点）间墙体俯视

彩图四五　双山长城15段 G 0187（折点）—G 0189（拐点）间墙体东侧

彩图四六　双山长城18段G0078（止点、新平尔村3号敌台）处与新平尔村长城1、2段相接

彩图四七　西马市村长城1段G0231（起点、新平尔村5号敌台）—G0233（断点）间墙体西侧

彩图四八　西马市村长城2段G0237（断点）—G0238（西马市村3号敌台）间墙体东侧

彩图四九　西马市村长城3段G0245（西马市村5号敌台）—G0247（断点）间墙体东侧

彩图五〇 新平堡村长城1段 G 0250（新平堡村2号敌台）—G 0252（新平堡村3号敌台）间墙体西侧

彩图五一 新平堡村长城1段 G 0251（拐点）—G 0252（新平堡村3号敌台）间墙体东侧

彩图五二　新平堡村长城2段G0258（拐点）—G0259（新平堡村5号敌台）间墙体西侧

彩图五三　新平堡村长城2段G0259（新平堡村5号敌台）—G0260（止点、新平堡村6号敌台）间墙体东侧

彩图五四 新平堡村二道边长城墙体

彩图五五 保平堡村长城1段G0337（保平堡村1号敌台）—G0341（保平堡村2号敌台）间墙体东侧

彩图五六 保平堡村长城1段G0341（保平堡村2号敌台）—G0346（止点、保平堡村3号敌台）间墙体西侧

彩图五七　保平堡村长城 2 段 G 0349（拐点）—G 0350（保平堡村 4 号敌台）间墙体东侧

彩图五八　保平堡村长城 2 段 G 0351（折点）—G 0354（止点、保平堡村 5 号敌台）间墙体

彩图五九　保平堡村长城 3 段 G 0355（折点）—G 0356（保平堡村 6 号敌台）间墙体西侧

彩图六〇　保平堡村长城 3 段 G 0356（保平堡村 6 号敌台）—G 0358（止点、保平堡村 7 号敌台）间墙体西侧

彩图六一　保平堡村长城 4 段 G 0360（保平堡村 8 号敌台）—G 0361（止点、保平堡村 9 号敌台）间墙体

彩图六二　保平堡村长城5段，杏园窑村长城1、2段全景

彩图六三　杏园窑村长城2段G0374（拐点）—G0377（止点、杏园窑村2号敌台）间墙体

彩图六四　杏园窑村长城3段G0377（起点、杏园窑村2号敌台）—G0379（止点、杏园窑村3号敌台）间墙体

彩图六五　杏园窑村长城4段G0380（拐点）—G0381（杏园窑村4号敌台）间墙体西侧

彩图六六　杏园窑村长城4段 G0383（断点）—G0384（杏园窑村5号敌台）间墙体

彩图六七　四方墩村长城1段 G0385（起点、拐点）—G0387（四方墩村2号敌台）间墙体

彩图六八　四方墩村长城1段 G 0386（四方墩村1号敌台）—G 0388（拐点）间墙体

彩图六九　四方墩村长城2段 G 0402（拐点）—G 0408（拐点）间墙体

彩图七〇　对井沟村长城 G 0415（对井沟村 4 号敌台）—G 0417（对井沟村 5 号敌台）间墙体

彩图七一　红土沟村长城 1 段 G 0432（拐点）—G 0434（止点、红土沟村 5 号敌台）间墙体

彩图七二　红土沟村长城1段G0432（拐点）—G0433（红土沟村4号敌台）间墙体东壁夯层

彩图七三　红土沟村长城2段G0434（起点、红土沟村5号敌台）—G0436（红土沟村7号敌台）间墙体

彩图七四　红土沟村长城2段G0439（红土沟村9号敌台）—G0444（止点、红土沟村11号敌台）间墙体

彩图七五　红土沟村长城3段G0452（红土沟村16号敌台）—G0454（止点、拐点）间墙体

彩图七六　李二口村长城1段G0465（拐点）—G0467（李二口村4号敌台）间墙体夯层

彩图七七　李二口村长城2段G0468（起点、李二口村5号敌台）—G0488（止点、节点）间墙体及与李二口村"错修长城"关系

彩图七八　李二口村"错修长城"墙体夯层

彩图七九　李二口村"错修长城"与李二口村长城2段关系

彩图八〇　薛三墩村长城1段 G 0497（断点）—G 0498（止点、薛三墩村3号敌台）间墙体东侧

彩图八一　白羊口村长城 G 0532（白羊口村1号敌台）—G 0533（断点）间墙体南侧

彩图八二　化皮庙村长城 G0552（断点）—G0555（断点）间墙体

彩图八三　六墩村长城 G0592（断点）—G0593（六墩村 2 号敌台）间墙体

彩图八四　水磨口村长城1段墙体夯层

彩图八五　新平堡北门外侧

彩图八六　保平堡全景

彩图八七　桦门堡西侧全景

彩图八八　永嘉堡西北侧角全景

彩图八九　永嘉堡西墙

彩图九〇　白羊口堡全景

彩图九一　天城城西门内侧

彩图九二　天城城北门内侧

彩图九三　平远头村3号敌台东北侧

彩图九四　十六墩村3号敌台南侧

彩图九五　新平尔村4号敌台南侧

彩图九六　新平堡村6号敌台东南侧

彩图九七　保平堡村2号敌台东北侧

彩图九八　李二口村3号敌台东侧

彩图九九　李二口村6号敌台西侧

彩图一〇〇　薛三墩村4号敌台东侧

彩图一〇一　薛三墩村5号敌台北侧

彩图一〇二　袁治梁村4号敌台南侧

彩图一〇三　水磨口村2号敌台东南侧

彩图一〇四　平远头村2号烽火台北侧

彩图一〇五　二十墩村2号烽火台西南侧

彩图一〇六　新平堡村11号烽火台西北侧

彩图一〇七　保平堡村21号烽火台东侧

彩图一〇八　六墩村烽火台西北侧

彩图一〇九　新平堡村1号烽火台西南侧

彩图一一〇　保平堡村3号烽火台东侧

彩图一一一　保平堡村车道坡烽火台

彩图一一二　瓦窑口村野猫墩烽火台

彩图一一三　永嘉堡村点将台

彩图一一四　逯家湾村十墩沟烽火台北侧

彩图一一五　白舍科村四方台烽火台

彩图一一六　水桶寺村小圪墩地烽火台南侧

彩图一一七　下阴山村烽火台西南侧

彩图一一八　崔家山村烽火台西侧

彩图一一九　碗底残片

彩图一二〇　瓦当残片

彩图一二一　板瓦残片

彩图一二二　小口黑瓷瓮残片

彩图一二三　青花碗残件

彩图一二四　瓷碗残片

彩图一二五　瓷灯碗残片（一）

彩图一二六　瓷灯碗残片（二）

彩图一二七　瓷瓮残片

彩图一二八　筒瓦残片

彩图一二九　瓷瓶残片

彩图一三〇　青花盘残片

彩图一三一　十九墩长城全景

彩图一三二　三墩长城 G 0026（断点）—G 0028（断点）间墙体南侧

彩图一三三　三墩长城 G 0030（三墩敌台）—G 0031（断点）间墙体

彩图一三四　七墩长城 G 0045（断点）—G 0046（断点）间墙体东南侧

彩图一三五　五墩长城 G 0075（断点）—G 0076（断点）间墙体东南侧

彩图一三六　镇门堡长城 G 0091（断点）—G 0094（镇门堡 3 号敌台）间墙体消失

彩图一三七　水泉沟长城 G 0099（水泉沟敌台）—G 0100（断点）间墙体北侧

彩图一三八　水泉沟长城 G 0106（断点）—G 0107（止点、断点）间墙体北侧

彩图一三九　许家园长城 G 0113（断点）—G 0114（断点）间墙体北侧

彩图一四〇　平山长城 G 0116（起点、断点）—G 0117（断点）间墙体西北侧

彩图一四一　虎头山长城 G0155（断点）—G0158（止点、断点）间墙体

彩图一四二　乳头山长城 G0191（断点）—G0193（乳头山2号敌台）间墙体南侧

彩图一四三　小龙王庙长城 G 0217（小龙王庙 1 号敌台）—G 0219（小龙王庙 2 号敌台）间墙体东南侧

彩图一四四　守口堡长城 1 段 G 0238（守口堡 2 号敌台）—G 0239（断点）间墙体东南侧

彩图一四五　十九梁长城 G 0274（起点、断点）—G 0275（十九梁 1 号敌台）间墙体

彩图一四六　十九梁长城 G 0299（断点）—G 0300（十九梁 4 号敌台）间墙体东南侧

彩图一四七　六墩长城 G 0317（六墩 2 号敌台）—G 0318（断点）间墙体东南侧

彩图一四八　镇宏堡长城 G 0360（镇宏堡 3 号敌台）—G 0369（断点）间墙体

彩图一四九　大二对营长城 G 0403
（大二对营 3 号敌台）—
G 0405（大二对营 4 号敌
台）间墙体东南侧

彩图一五〇　镇边堡长城 1 段 G 0429
（镇 边 堡 2 号 敌 台）—
G 0431（镇边堡 3 号敌台）
间墙体南侧

彩图一五一　镇边堡长城 2 段 G 0437
（起点、断点）—G 0441
（镇边堡 6 号敌台）间墙体

彩图一五二　正大关全景

彩图一五三　守口关西墙局部

彩图一五五　镇门堡北侧全景

彩图一五六　守口堡北墙局部

彩图一五四　陈家堡南墙局部

彩图一五七　镇宏堡西墙全景

彩图一五八　镇边堡全景

彩图一五九　阳和城南墙

彩图一六〇　十九墩1号敌台

彩图一六一　五墩敌台南侧

彩图一六二　许家园敌台夯层

彩图一六三　虎头山2号敌台东侧

彩图一六四　小龙王庙3号敌台东北侧

彩图一六五　守口堡10号敌台南侧

彩图一六六　十墩1号敌台东南侧

彩图一六七　镇宏堡2号敌台东侧

彩图一六八　大二对营4号敌台南侧

彩图一六九　镇边堡5号敌台南侧

彩图一七〇　二墩马面北侧

彩图一七一　十墩马面西南侧

彩图一七二　镇边堡3号马面东侧

彩图一七三　十九墩2号烽火台东南侧

彩图一七四　七墩2号烽火台西南侧

彩图一七五　许家园1号烽火台西北侧

彩图一七六　虎头山4号烽火台东南侧

彩图一七七　乳头山5号烽火台西南侧

彩图一七八　小龙王庙6号烽火台南侧

彩图一七九　十九梁1号烽火台西南侧

彩图一八〇　镇宏堡4号烽火台西南侧

彩图一八一　镇边堡2号烽火台南侧

彩图一八二　太平堡烽火台东南侧

彩图一八三　堡子湾东湾烽火台东南侧

彩图一八四　庞窑西圪墩烽火台南侧

彩图一八五　东一柳营烽火台北侧

彩图一八六　上深井烽火台东南侧

彩图一八七　守口堡马市西南墙局部

彩图一八八　青花大碗残片

彩图一八九　瓷碗残片

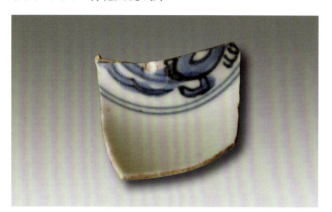

彩图一九〇　青花小碗残片

彩图一九一　陶盆残片

彩图一九二　青花瓷器口沿残片

彩图一九三　石夯

彩图一九四　琉璃瓦残件

彩图一九五　白瓷碗残片

彩图一九六　白瓷碗残片

彩图一九七　青花瓷碗残片

彩图一九八　残筒瓦

彩图一九九　陶灯台

彩图二〇〇　瓦当

彩图二〇一　墙砖

彩图二〇二　元墩长城 G 0017（元墩 3 号敌台）—G 0023（止点、三墩 1 号敌台）间墙体

彩图二〇三　三墩长城 1 段 G 0028（三墩 3 号敌台）—G 0034（断点）间墙体南侧

彩图二〇四　三墩长城2段 G 0035（起点、三墩6号敌台）—G 0040（三墩7号敌台）间墙体南侧

彩图二〇五　镇川口长城1段 G 0057（镇川口4号敌台）两侧墙体南侧

彩图二〇六　镇川口长城2段G0070（断点）—G0072（镇川口8号敌台）间墙体南侧

彩图二〇七　镇川口长城2段和西寺长城1段G0074（起点、断点）—G0078（西寺2号敌台）间墙体

彩图二〇八　西寺长城2段G0110（西寺14号敌台）—G0112（西寺15号敌台）间墙体

彩图二〇九　西寺长城4段G0121（拐点）—G0124（西寺19号敌台）间墙体南侧

彩图二一〇　宏赐堡长城 G 0145（断点）—G 0147（宏赐堡 4 号敌台）间墙体

彩图二一一　河东窑大边长城 2 段 G 0187（河东窑 5 号敌台）—G 0188（河东窑 6 号敌台）间墙体

彩图二一二　河东窑大边长城4段 G 0199（河东窑10号敌台）—G 0200（河东窑11号敌台）间墙体

彩图二一三　镇羌堡大边长城3段 G 0222（镇羌堡4号敌台）—G 0229（止点、得胜堡1号敌台）间墙体

彩图二一四　二十一墙大边长城2段G0251（起点、二十一墙6号敌台）—G0254（二十一墙7号敌台）间墙体南侧

彩图二一五　二十一墙大边长城3段G0259（二十一墙11号敌台）—G0260（二十一墙12号敌台）间墙体

彩图二一六　拒墙堡大边长城1段 G 0271（拒墙堡1号敌台）—G 0273（拒墙堡2号敌台）间墙体

彩图二一七　拒墙堡大边长城2段 G 0279（拒墙堡5号敌台）—G 0282（拒墙堡6号敌台）间墙体

彩图二一八　拒墙堡大边长城4段G0300（拒墙堡12号敌台）—G0302（止点、断点）间墙体

彩图二一九　拒门口大边长城2段G0324（断点）—G0325（拒门口8号敌台）间墙体

彩图二二〇　拒门口大边长城3段G0331（断点）—G0333（断点）间墙体北侧

彩图二二一　穆家坪大边长城G0351（起点、断点）—G0355（穆家坪4号敌台）间墙体

彩图二二二　刘家窑大边长城1段墙体

彩图二二三　刘家窑大边长城2段G0372（起点、刘家窑5号敌台）—G0375（断点）间墙体

彩图二二四 十三边大边长城2段 G0396（十三边4号敌台）—G0398（断点）间墙体

彩图二二五 助马堡大边长城1段 G0407（断点）— 助马堡大边长城2段 G0412（助马堡3号敌台）间墙体

彩图二二六　砖楼沟大边长城 G 0435（断点）—G 0437（砖楼沟 3 号敌台）间墙体

彩图二二七　宏赐堡二边长城 2 段 0456（宏赐堡二边 5 号敌台）— 宏赐堡二边长城 3 段 0459（宏赐堡二边 7 号敌台）
　　　　　间墙体

彩图二二八　里教场沟二边长城2段G0495（里教场沟8号敌台）—G0496（里教场沟9号敌台）间墙体

彩图二二九　外教场沟二边长城墙体

彩图二三〇　光明二边长城2段G0573（光明3号马面）—G0574（光明4号马面）间墙体

彩图二三一　鲁家沟二边G0616（断点）—G0619（断点）间墙体南侧

彩图二三二　安乐庄二边长城1段墙体

彩图二三三　吴施窑二边长城3段墙体

彩图二三四　元墩3号敌台东侧

彩图二三五　三墩1号敌台东侧

彩图二三六　三墩3号敌台南侧

彩图二三七　三墩4号敌台南侧

彩图二三八　三墩7号敌台南侧

彩图二三九　镇川口2号敌台南侧

彩图二四〇　镇川口4号敌台东侧

彩图二四一　镇川口8号敌台东侧

彩图二四二　镇川口8号敌台南侧

彩图二四三　西寺9号敌台南侧

彩图二四四　西寺12号敌台南侧

彩图二四五　西寺20号敌台东侧

彩图二四六　宏赐堡7号敌台西南侧

彩图二四七　宏赐堡11号敌台西南侧

彩图二四八　宏赐堡12号敌台西侧

彩图二四九　河东窑2号敌台西侧

彩图二五〇　河东窑3号敌台东北侧

彩图二五一　镇羌堡1号敌台西南侧

彩图二五二　镇羌堡4号敌台南侧

彩图二五三　得胜堡2号敌台东北侧

彩图二五四　二十一墙5号敌台东侧

彩图二五五　二十一墙12号敌台南侧

彩图二五六　二十一墙13号敌台东侧

彩图二五七　二十一墙13号敌台西侧

彩图二五八　二十一墙15号敌台西侧

彩图二五九　拒墙堡9号敌台南侧

彩图二六〇　拒门口1号敌台南侧

彩图二六一　拒门口1号敌台西侧

彩图二六二　拒门口4号敌台
南侧

彩图二六三　拒门口4号敌台
北侧

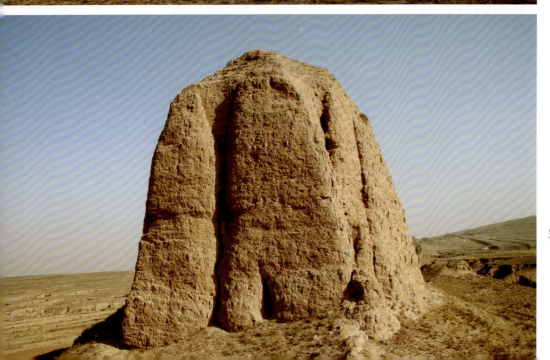

彩图二六四　拒门堡1号敌台
西南侧

彩图二六五　拒门堡2号敌台
东南侧

彩图二六六　拒门堡2号敌台
西南侧

彩图二六七　拒门堡4号敌台
西南侧

彩图二六八　刘家窑5号敌台东南侧

彩图二六九　十三边6号敌台北侧

彩图二七〇　砖楼沟2号敌台东侧

彩图二七一　砖楼沟3号敌台东侧

彩图二七二 砖楼沟3号敌台南侧

彩图二七三 下甘沟1号敌台南侧

彩图二七四　下甘沟8号敌台西南侧

彩图二七五　鲁家沟3号敌台东北侧

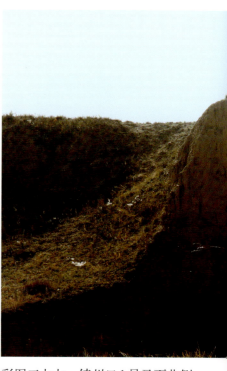

彩图二七六　元墩5号马面西北侧

彩图二七七　镇川口1号马面北侧

彩图二七九　畔沟3号马面

彩图二八〇　元墩1号烽火台西侧

彩图二七八　光明2号马面

彩图二八一　元墩2号烽火台北侧

彩图二八二　西寺3号烽火台南侧

彩图二八三　河东窑1号烽火台东侧

彩图二八四　河东窑1号烽火台南侧

彩图二八五　河东窑5号烽火台东侧

彩图二八六　二十一墙 2 号
烽火台南侧

彩图二八七　二十一墙 2 号
烽火台西侧

彩图二八八　二十一墙 3 号
烽火台东南侧

彩图二八九　拒墙堡1号
烽火台东北侧

彩图二九〇　拒墙堡1号
烽火台西南侧

彩图二九一　拒墙堡4号
烽火台

彩图二九二　拒门口3号烽火台南侧

彩图二九三　拒门堡1号烽火台东南侧

彩图二九四　二十五烽火台西南侧

彩图二九五　下甘沟1号烽火台西南侧

彩图二九六　下甘沟2号烽火台南侧

彩图二九七　光明4号烽火台西南侧

彩图二九八　光明6号烽火台东侧

彩图二九九　光明6号烽火台南侧

彩图三〇〇　光明8号烽火台东南侧

彩图三〇一　光明10号烽火台东北侧

彩图三〇二　光明10号烽火台南侧

彩图三〇三　光明11号烽火台东南侧

彩图三〇四　畔沟2号烽火台东南侧

彩图三〇五　鲁家沟4号烽火台东侧

彩图三〇六　八墩1号烽火台西侧

彩图三〇七　吴施窑6号烽火台南侧

彩图三〇八　吴施窑8号烽火台西南侧

彩图三〇九　三墩南烽火台南侧

彩图三一〇　镇川堡点将台东北侧

彩图三一一　镇川堡点将台西侧

彩图三一二　镇川堡瞭望台东南侧

彩图三一三　和胜庄烽火台北侧

彩图三一四　台梁烽火台北侧

彩图三一五　栗恒窑烽火台西侧

彩图三一六　吴施窑3号烽火台南侧

彩图三一七　助马口马市东北侧全景

彩图三一八　助马口马市东院东墙

彩图三一九　助马口马市东院内部

彩图三二〇　助马口马市西院全景

彩图三二一　助马口马市楼东侧

彩图三二二　筒瓦残片

彩图三二三　瓦当残片

彩图三二四　筒瓦残片

彩图三二五　瓷碗残片

彩图三二六　瓷碗残片

彩图三二七　陶器残片

彩图三二八　瓷碗残片

彩图三二九　保安堡大边长城1段 G 0002（断点）—G 0003（保安堡1号敌台）间墙体东侧

彩图三三〇　保安堡大边长城1段 G 0003（保安堡1号敌台）—G 0004（保安堡2号敌台）间墙体

彩图三三一　保安堡大边长城2段G0009(断点)—G0010(断点)间墙体消失

彩图三三二　保安堡大边长城2段G0015（断点）—G0016（止点、保安堡6号敌台）间墙体

2525

彩图三三三　保安堡大边长城3段G0017（保安堡7号敌台）—黑土口大边长城G0021（黑土口1号敌台）间墙体

彩图三三四　黑土口大边长城G0022（黑土口2号敌台）—G0023（黑土口3号敌台）间墙体西侧

彩图三三五　黄土口二边长城 G0027（黄土口1号敌台）—G0028（黄土口2号敌台）间墙体

彩图三三六　黄土口二边长城 G0030（黄土口3号敌台）—G0031（黄土口4号敌台）间墙体

彩图三三七　黑土口二边长城1段 G0040（断点）—G0041（断点）间墙体消失

彩图三三八　黑土口二边长城2段 G0050（黑土口7号敌台）—G0024（止点、黑土口4号敌台）间墙体

彩图三三九　黑土口二边长城2段与黑土口大边长城交汇于黑土口4号敌台

彩图三四〇　徐达窑长城1段G0025（断点）—G0057（断点）间墙体消失

彩图三四一　徐达窑长城2段G0076（徐达窑8号敌台）—G0078（徐达窑9号敌台）间墙体南侧

彩图三四二　徐达窑长城2段 G 0078（徐达窑9号敌台）—G 0082（徐达窑10号敌台）间墙体南侧

彩图三四三　威鲁堡长城1段 G 0094（威鲁堡2号敌台）—G 0097（断点）间墙体

彩图三四四　威鲁堡长城2段G0100（威鲁堡3号敌台）—G0105（断点）间墙体

彩图三四五　威鲁堡长城2段G0107（断点）—G0108（威鲁堡4号敌台）间墙体南侧

彩图三四六　威鲁堡长城2段G0108（威鲁堡4号敌台）—G0116（止点、拐点）间墙体南侧

彩图三四七　后辛庄长城1段G0116（起点、拐点）—G0121（后辛庄马面）间墙体

彩图三四八　后辛庄长城1段G0121（后辛庄马面）—G0125（后辛庄1号敌台）间墙体

彩图三四九　后辛庄长城1段G0128（后辛庄2号敌台）—G0135（后辛庄4号敌台）间墙体

彩图三五〇　后辛庄长城2段G0142（断点）—G0152（止点、后辛庄8号敌台）间墙体

彩图三五一　后辛庄长城2段G0150（断点）—G0152（止点、后辛庄8号敌台）间墙体

彩图三五二　八台长城1段 G 0169（断点）—G 0183（止点、折点）间墙体

彩图三五三　八台长城2段与1段关系

彩图三五四　宁鲁堡长城1段 G 0188（宁鲁堡1号马面）—G 0189（镇宁楼敌台）间墙体

彩图三五五　宁鲁堡长城1段 G 0192（宁鲁堡2号敌台）—G 0197（宁鲁堡4号敌台）间墙体

彩图三五六　宁鲁堡长城2段G0205（起点、宁鲁堡7号敌台）—G0212（宁鲁堡8号敌台）间墙体

彩图三五七　六墩沟长城G0227（六墩沟6号敌台）—G0230（六墩沟8号敌台）间墙体

彩图三五八　十二窑长城1段 G 0234（十二窑 2 号敌台）—G 0236（十二窑 3 号敌台）间墙体

彩图三五九　十二窑长城1段 G 0234（十二窑 2 号敌台）—G 0244（十二窑 7 号敌台）间墙体

彩图三六〇　十二窑长城2段G0250（十二窑9号敌台）—G0252（十二窑10号敌台）间墙体

彩图三六一　二十边长城G0258（二十边1号敌台）—G0259（二十边2号敌台）间墙体

彩图三六二　威鲁口关与威鲁堡长城1段关系

彩图三六三　威鲁口关南侧全景

彩图三六四　威鲁堡堡城西墙与关城西墙关系

彩图三六五　威鲁堡堡城西墙

彩图三六六　宁鲁堡东墙南段

彩图三六七　云西堡全景

彩图三六八　云西堡北门内侧

彩图三六九　左云城西墙外侧

彩图三七〇　保安堡1号敌台东侧

彩图三七一　保安堡3号敌台东侧

彩图三七二　保安堡4号敌台东北侧

彩图三七三　黑土口3号敌台东侧

彩图三七四　黑土口4号敌台南侧

彩图三七五　黄土口4号敌台东侧

彩图三七六　徐达窑1号敌台

彩图三七七　徐达窑3号敌台东侧

彩图三七八　徐达窑8号敌台
东侧

彩图三七九　徐达窑10号敌台
东侧

彩图三八〇　威鲁堡3号敌台
东侧

彩图三八一　威鲁堡4号敌台
东南侧

彩图三八二　后辛庄3号敌台
南侧

彩图三八三　后辛庄7号敌台
南侧

彩图三八四　八台6号敌台南侧

彩图三八五　宁鲁堡5号敌台东南侧

彩图三八六　六墩沟4号敌台南侧

彩图三八七　十二窑3号敌台东南侧

彩图三八八　二十边1号敌台西南侧

彩图三八九　镇宁楼敌台东侧

彩图三九〇　八台马面东南侧

彩图三九一　保安堡1号烽火台东侧

2553

彩图三九二　黑土口6号烽火台东侧

彩图三九三　徐达窑2号烽火台东侧

彩图三九四　威鲁堡1号烽火台南侧

彩图三九五　后辛庄2号烽火台西侧

彩图三九六　八台3号烽火台
东侧

彩图三九七　八台4号烽火台
南侧

彩图三九八　平川村1号烽火台
东侧

彩图三九九　榆柏墩1号烽火台
南侧

彩图四〇〇　徐达窑4号烽火台
东侧

彩图四〇一　宁鲁堡3号烽火台
西南侧

彩图四〇二　白烟墩烽火台东侧

彩图四〇三　王家窑2号烽火台南侧

彩图四〇四　陈家河2号烽火台西侧

彩图四〇五　北六里烽火台北侧

彩图四〇六　台子山烽火台西北侧

彩图四〇七　月华池围墙内部

彩图四〇八　板瓦

彩图四〇九　筒瓦

彩图四一〇　陶盆口沿残片

彩图四一一　瓷碗底部残片

彩图四一二　瓷碗底部残片

彩图四一三　破虎堡南门外侧上部

彩图四一四　破虎堡南门内侧

彩图四一五　杀虎堡新堡南门外瓮城南门内侧

彩图四一六　杀虎堡西门外侧

彩图四一七　马营河堡东北角台东北侧

彩图四一八　右卫城东墙外侧

彩图四一九　右卫城西墙外侧

彩图四二〇　右卫城弧形的西墙北段

彩图四二一　右卫城新修东门外侧

彩图四二二　右卫城新修西门内侧

彩图四二三　右卫城西门外侧

彩图四二四　右卫城南门外侧

彩图四二五　右卫城南门内侧

彩图四二六　右卫城南门门洞内部

彩图四二七　右卫城北门外侧

彩图四二八　右卫城北门石匾

彩图四二九　右卫城西门外瓮城
南侧

彩图四三〇　右卫城北门外瓮城
内部

彩图四三一　右卫城北门外瓮城
东侧短墙

彩图四三二　铁山堡西堡东北侧全景

彩图四三三　铁山堡东堡西南侧全景

彩图四三四　铁山堡西堡东墙及东门外瓮城

彩图四三五　新云石堡东墙外侧

彩图四三六　旧云石堡内部

彩图四三七　马堡西南角台外侧

彩图四三八　威坪堡北墙外侧

彩图四三九　黄土堡北墙外侧

彩图四四〇　云阳堡西墙及西侧护城壕

彩图四四一　大堡内部

彩图四四二　李达窑1号烽火台西北侧

彩图四四三　东窑沟烽火台东南侧

彩图四四四　盆儿洼烽火台东南侧

彩图四四五　杀虎口1号烽火台西南侧

彩图四四六　北草场1号烽火台东侧

彩图四四七　周二堡烽火台南侧

彩图四四八　牛皮沟烽火台西侧

彩图四四九　西窑沟烽火台西南侧

彩图四五〇　西窑沟烽火台北壁

彩图四五一　草沟堡2号烽火台东侧

彩图四五二　杨千河1号烽火台西侧

彩图四五三　破坊3号烽火台西北侧

彩图四五四　云石堡1号烽火台西南侧

彩图四五五　云石堡1号烽火台北侧

彩图四五六　芦草湾3号烽火台东侧

彩图四五七　芦草湾2号烽火台
　　　　　西南侧

彩图四五八　古城村1号烽火台
　　　　　南侧

彩图四五九　威东移民新村烽火台
　　　　　南侧

彩图四六〇　新墩湾1号烽火台东侧

彩图四六一　威坪堡烽火台南侧

彩图四六二　台子村3号烽火台南侧

彩图四六三　台子村1号烽火台东北侧

彩图四六四　耿家沟1号烽火台北侧

彩图四六五　龙头山烽火台东北侧

彩图四六六　马良村烽火台西北侧

彩图四六七　大岭山2号烽火台西北侧

彩图四六八　金家花板村2号烽火台西侧

彩图四六九　金家花板村1号烽火台西北侧

彩图四七〇　云阳堡4号烽火台西北侧

彩图四七一　高墙框1号烽火台东北侧

彩图四七二　高家窑2号石碑

彩图四七三　少家堡东北侧全景

彩图四七四　少家堡南墙及南墙外侧的挡马墙墙体

彩图四七五　败虎堡北墙

彩图四七六　迎恩堡西半部

彩图四七七　阻堡西北侧全景

彩图四七八　平鲁城堡罗城全景

彩图四七九　平鲁城堡东北部全景

彩图四八○　平鲁城堡东门外瓮城与校教军场全景

彩图四八一　平鲁城堡南门外侧

彩图四八二　平鲁城堡南门内侧

彩图四八三　平鲁城堡南门外瓮城内部

彩图四八四　平鲁城堡南门外瓮城东门外侧

彩图四八五　向阳堡南墙西段外侧

彩图四八六　向阳堡西墙、北墙内侧

彩图四八七　井坪城西墙及西北角台

彩图四八八　白道沟堡南墙、南墙及南角台

彩图四八九　白道沟堡西南墙体内侧的3道短墙　　　　　　彩图四九〇　败虎堡1号烽火台东侧

彩图四九二　上水泊2号烽火台东南侧　　　　　　彩图四九三　迎恩堡1号烽火台南侧

彩图四九一　泉子坡烽火台西北侧

彩图四九四　白兰沟2号烽火台东南侧

彩图四九五　兔儿水烽火台西北侧

彩图四九六　黄土坡2号烽火台西南侧

彩图四九七　西虎儿界村烽火台西北侧

彩图四九八　边庄烽火台北侧

彩图四九九　口前村烽火台南侧

彩图五〇〇　信虎辛窑3号烽火台西北侧

彩图五〇一　凤凰城5号烽火台
北侧

彩图五〇二　凤凰城4号烽火台
西北侧

彩图五〇三　小野猪窝烽火台
东南侧

彩图五〇四　黑家狮烽火台西北侧　　　　　　　　　彩图五〇五　毛家窑1号烽火台南侧

彩图五〇七　北丈烽火台西北侧　　　　　　　　　　彩图五〇八　侯港村烽火台南侧

彩图五〇六　毛家窑1号烽火台西侧

彩图五〇九　侯港村烽火台西侧

彩图五一〇　下乃河2号烽火台南侧

彩图五一一　陈庄2号烽火台

彩图五一二　陈庄2号烽火台围墙

彩图五一三　上乃河烽火台西侧

彩图五一四　南坪村烽火台东侧

彩图五一五　南坪村烽火台北侧

彩图五一六　另山烽火台西北侧

彩图五一七　计家窑2号烽火台南侧

彩图五一八　井坪镇1号烽火台东北侧

彩图五一九　店梁2号烽火台西南侧

彩图五二一　下黑水沟烽火台西侧

彩图五二〇　高家坡烽火台西北侧

彩图五二二　上窑子烽火台东侧

彩图五二三　石崖湾1号烽火台东北侧

彩图五二四　中嘴山烽火台东南侧

彩图五二五　小路庄烽火台附近白釉褐花瓷碗残片（一）　　彩图五二六　小路庄烽火台附近白釉褐花瓷碗残片（二）

彩图五二七　黄家楼1号烽火台附近白釉褐花瓷碗残片
　　　　　　内壁

彩图五二八　黄家楼1号烽火台附近白釉褐花瓷碗残片
　　　　　　外壁

彩图五二九　计家窑2号烽火台附近白釉褐花瓷碗、酱
　　　　　　釉小瓷罐残片（一）

彩图五三〇　计家窑2号烽火台附近白釉褐花瓷碗、酱
　　　　　　釉小瓷罐残片（二）

彩图五三一　牛帮口长城 G 0009（"茨字贰拾号台"敌台）两侧墙体

彩图五三二　柳科村堡内部

彩图五三三 灵丘城东墙内侧

彩图五三四 牛帮口"茨字拾捌号台"敌台西侧

彩图五三五　牛帮口"茨字贰拾号台"敌台东北侧

彩图五三六　伊家店村烽火台东南侧

彩图五三七　蔡家峪村烽火台西北侧

彩图五三八　小寨村烽火台东南侧

彩图五三九　长城铺村烽火台西北侧远景

彩图五四〇　边墙梁长城2段0017（断点）—G0018（止点）间墙体

彩图五四一　平型关东段长城墙体

彩图五四二　茨沟营南岭长城 G 0069（关门）处墙体

彩图五四三　茨沟营西岭长城全景

彩图五四四　竹帛口长城墙体

彩图五四五　白坡头长城1段0078（拐点）—G0079（止点、白坡头长城敌台）间墙体

彩图五四六 白坡头长城2段G0079（起点、白坡头长城敌台）—G0080（断点）间墙体

彩图五四七 茨沟营堡东门

彩图五四八　平型关全景

彩图五四九　平型关东门外侧

彩图五五〇　平型关堡北门外瓮城东门外侧

彩图五五一　团城口关南墙

彩图五五二　贾家井堡内部及北墙

彩图五五三　下双井堡内部及下双井烽火台

彩图五五四　大沟堡全景

彩图五五五　下寨西梁北堡与南堡全景

彩图五五六　平型关西段9号敌台东侧及与平型关西段长城关系

彩图五五七　西跑池10号敌台东侧及与西跑池长城关系

彩图五五八　竹帛口"茨字叁拾肆号台"敌台西北侧

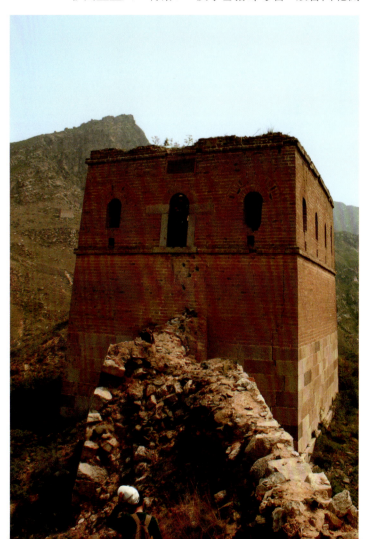

彩图五五九　竹帛口"茨字贰拾伍号台"敌台南壁
　　　　　及与竹帛口长城

彩图五六〇　平型关堡西南烽火台

彩图五六一　西连仲村南烽火台

彩图五六二　杨家窑烽火台南侧

彩图五六三　上双井烽火台

彩图五六四　三祝西梁烽火台北侧

彩图五六五　茨沟营堡东门城楼《新建楼阁碑记》石碑

彩图五六六　茨沟营堡碧霞宫祠《东岳泰山庙碑记》石碑

彩图五六七　西河口北长城1段G0017（西河口北1段6号敌台）两侧墙体北侧

彩图五六八　西河口北长城1段G0017（西河口北1段6号敌台）两侧墙体顶部

彩图五七〇　上、下桦岭长城 G 0038（上、下桦岭 2 号敌台）—G 0039（上、下桦岭 3 号敌台）间墙体

彩图五七一　马鬃岩长城墙体

彩图五七二　正沟北长城 2 段 G 0057（拐点）—G 0058（止点、正沟北 2 段 4 号敌台）间墙体

彩图五七三 败杨峪长城 G0121（起点、落子窊 4 号敌台）—G0125（败杨峪 2 号敌台）间墙体

彩图五七四 凌云口关西南侧全景

彩图五七五　王庄堡南侧全景

彩图五七六　宽坪村堡全景

彩图五七七　青瓷窑堡内部

彩图五七八　北榆林村堡南墙和东南角台

彩图五七九　岗年口4号敌台
东南侧

彩图五八〇　上、下桦岭4号敌台
西北侧

彩图五八一　正沟北2段2号敌台
南侧

彩图五八二　落子崾2号敌台西南侧及其南侧短墙

彩图五八三　落子崾6号敌台西北侧

彩图五八四　李峪8号敌台东北侧

彩图五八五　李峪9号敌台北侧

彩图五八六　玉门3号敌台东北侧

彩图五八七　太安岭烽火台东南侧

彩图五八八　王庄堡2号烽火台东南侧

彩图五八九　洪水村烽火台南侧

彩图五九〇　下达枝村烽火台西南侧

彩图五九一　宽坪村烽火台东南侧

彩图五九二　杨庄2号烽火台西侧

彩图五九三　乱岭关2号烽火台东南侧

彩图五九四　王千庄村烽火台西北侧

彩图五九五　三岭村烽火台东南侧

彩图五九六　狼峪长城1段 G 0074 （拐点）两侧墙体

彩图五九七　狼峪长城2段 G 0093 （起 点、断 点）— G 0094（狼 峪2段1号 敌台）间墙体

彩图五九八　狼峪长城2段 G 0106 （狼峪2段3号敌台）— G 0107（断点）间墙体

彩图五九九　护驾岗长城 G 0116（断点）—G 0117（护驾岗 2 号敌台）间墙体

彩图六〇〇　茹越口长城全景

彩图六〇一　北楼口东山堡关东北侧全景

彩图六〇二　新堡村堡北墙外侧

彩图六〇三　新堡村堡南门石匾

彩图六〇四　小石口堡东门外瓮城南门外侧

彩图六〇五　茹越口西南堡全景

彩图六〇六　马兰口关南侧全景

彩图六〇七　应州城西门墙体北侧部分（左侧为应县木塔）

彩图六〇八　应州城西北角台

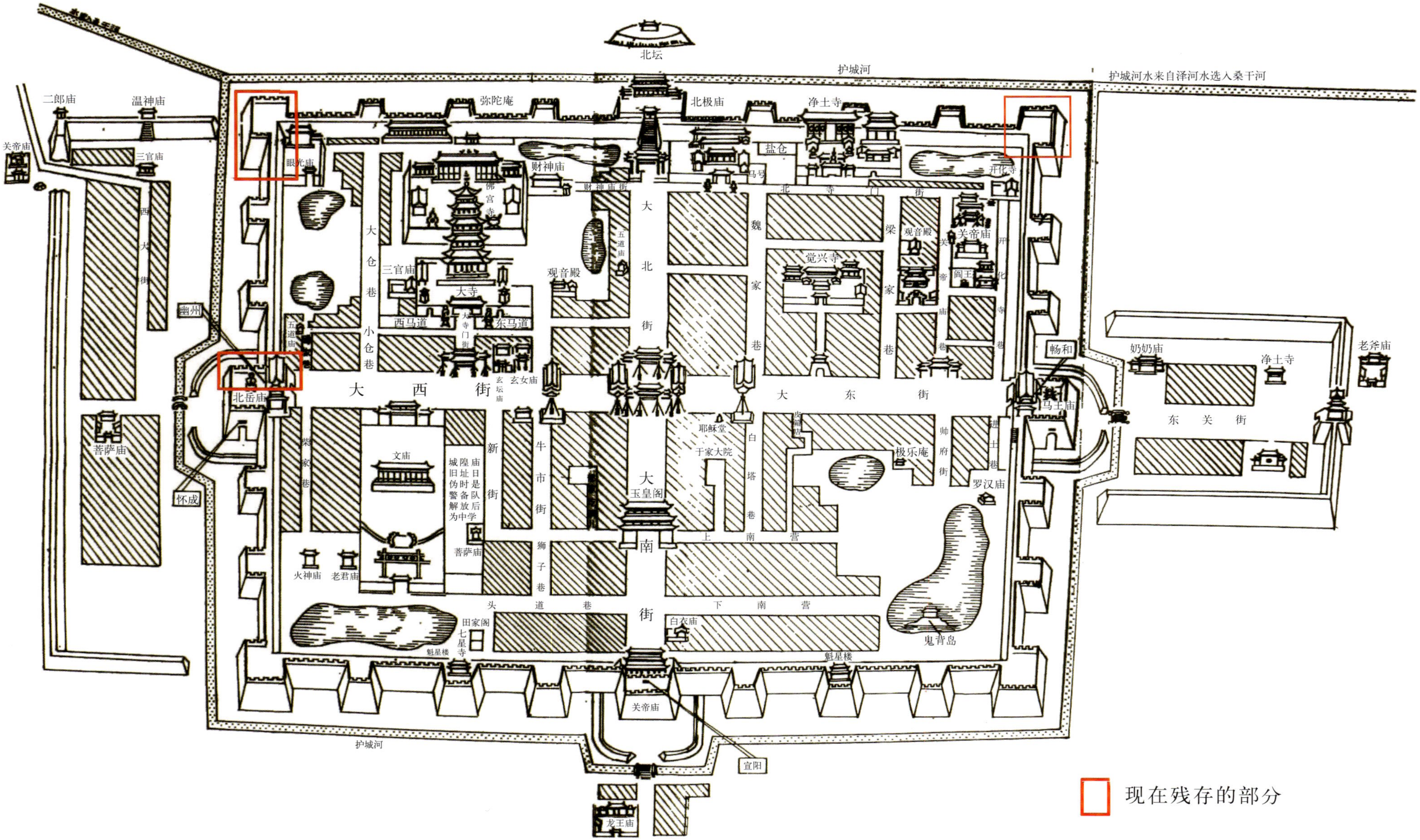

现在残存的部分

护城河水未自浑河引水选人桑干河

护城河

净土寺
东关街
奶奶庙
老爷庙

北坛

净土寺
北极庙

大 北 街

财神庙
观音殿
五道庙

弥陀庵
三官庙
西马庙
张马庙
玄女庙
坛
文庙
城隍庙旧址日伪时是警备队解放后为中学
菩萨庙
火神庙
七星寺
田家阁

温油庙
三官庙
关帝庙
二郎庙
塔萨庙

大 西 街

大皇寺
白塔大院
观音庵
王家大院
顺承宫

觉兴寺
关帝庙
龙王庙
梁家巷
魏家巷

东 大 街

极乐庵
罗汉岛
鬼养岛
魁星楼

大 南 街
白衣庙
南营
龙王庙
关庙
宣阳
怀成

彩图六〇九　应州城旧貌示意图(《应州志》)

彩图六一〇　边耀村堡内部

彩图六一一　边耀村堡东墙内侧登顶坡道

彩图六一二　闻名山烽火台西侧

彩图六一三　长彦2号烽火台西南侧

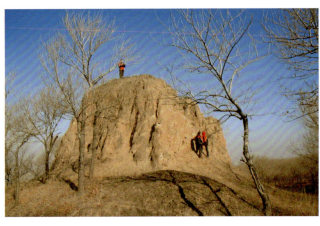

彩图六一四　小白滩3号烽火台南侧

彩图六一五　小白滩6号烽火台东侧

彩图六一六　段树洼烽火台西侧

彩图六一七　观口前烽火台西侧

彩图六一八　化沟村烽火台西南侧

彩图六一九　北小寨村烽火台西南侧

彩图六二○　吕花疃村烽火台南侧

彩图六二一　泉子头村烽火台西南侧

彩图六二二　魏庄烽火台东北侧

彩图六二三　北曹山烽火台东南侧

彩图六二四　杨庄村2号烽火台东侧

彩图六二五　小清水河村烽火台东南侧

彩图六二六　青花瓷碗残片

彩图六二七　胡峪口长城 G 0007（断点）—G 0008（止点、材质变化点）间墙体

彩图六二八　南寺长城 G 0056（南寺 8 号敌台）—G 0057（南寺 9 号敌台）间墙体

彩图六二九　新广武长城1段墙体

彩图六三〇　新广武2段G0078（起点、新广武1段8号敌台）—G0079（新广武2段1号敌台）间墙体

彩图六三一　新广武长城2段G0079（新广武2段1号敌台）—G0081（断点）间墙体

彩图六三二　新广武长城3段G0139（新广武3段10号敌台）—G0141（新广武3段11号敌台）间墙体

彩图六三三　新广武长城2段G0146（新广武3段16号敌台）—G0147（新广武3段17号敌台）间墙体

彩图六三四　新广武南内长城1段与新广武城关关系

彩图六三五　胡峪口东山堡全景

彩图六三六　水峪口堡全景

彩图六三七　新广武北关全景

彩图六三八　新广武城关全景

彩图六三九　新广武1段7号敌台北侧
　　　　　　及与新广武长城1段关系

彩图六四〇　新广武1段8号敌台北侧

彩图六四一　新广武2段10号敌台西侧

2655

彩图六四二　新广武3段14号敌台北侧及与新广武长城3段关系

彩图六四三　沙家寺村南烽火台东南侧

彩图六四四　水峪口13号烽火台

彩图六四五　大泉沟8号烽火台东南侧

彩图六四六　大泉沟9号烽火台南侧

彩图六四七　新广武7号烽火台东南侧

彩图六四八　新广武9号烽火台南侧

彩图六四九　新广武11号烽火台南侧

彩图六五〇　白草口长城1段直接在
　　　　　　山脊岩石上砌筑垛口墙

彩图六五一　白草口长城1段G0001（起点、白草口1段1号敌台）—G0003（白草口1段3号敌台）间墙体

彩图六五二　白草口1段长城G0008（白草口1段7号敌台）—G0010（拐点）间墙体

彩图六五三　白草口长城1段G0009（白草口1段8号敌台）西南侧墙体顶部

彩图六五四　白草口长城2段墙体

彩图六五五　白草口长城2段G0017（白草口2段敌台）两侧墙体

彩图六五六　白草口长城3段全景

彩图六五七　白草口3段长城G0031（止点、材质变化点）处墙体

彩图六五八　雁门关堡东门外侧

彩图六五九　二十里铺堡东门内侧

彩图六六〇　清淳堡东门外侧

彩图六六一　清淳堡东门内侧

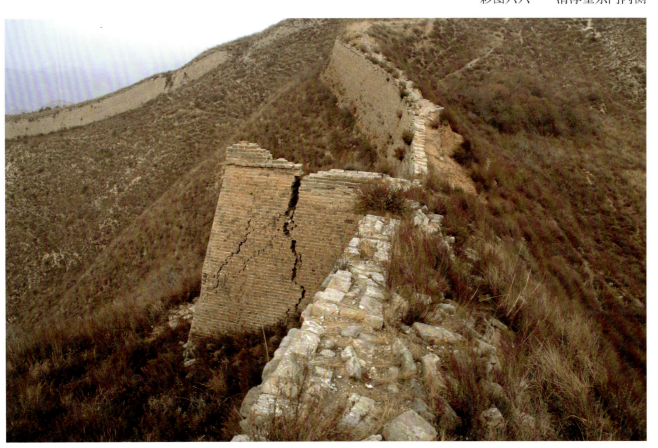

彩图六六二　白草口1段2号敌台南侧及与白草口长城1段关系

彩图六六三　白草口1段5号敌台东南侧及与白草口长城1段关系

彩图六六四　白草口1段8号敌台东南侧及白草口长城1段墙体顶部

彩图六六五　白草口2段敌台北侧

彩图六六六　白草口3段1号敌台
西侧

彩图六六七　白草口6号烽火台
南侧

彩图六六八　白草口1号烽火台
西南侧

彩图六六九　白草口 2 号烽火台南侧

彩图六七〇　白草口 5 号烽火台南侧

彩图六七一　白草口3号烽火台东北侧远景

彩图六七二　白草口3号烽火台南侧

彩图六七三　北辛庄烽火台北侧远景

彩图六七四　北辛庄烽火台南侧

彩图六七五　东留属烽火台东侧

彩图六七六　墩底窑烽火台远景

彩图六七七　大营村烽火台东北侧

彩图六七八　芦沟村东北烽火台南侧

彩图六七九　轩岗烽火台南侧

彩图六八〇　郭家庄长城1段墙体

彩图六八一　郭家庄长城2段G0030（断点）—G0032（断点）间墙体

彩图六八二　盘道梁长城1段G0034（起点、郭家庄6号马面）—G0035（盘道梁1号马面）间墙体

彩图六八三　宽草坪长城2段 G0109（宽草坪敌台）—G0110（断点）间墙体

彩图六八四　宽草坪长城2段 G0113（宽草坪5号马面）—G0115（断点）间墙体

彩图六八五　西地长城1段G0151（拐点）—G0153（断点）间墙体

彩图六八六　洞上长城2段G0187（洞上2号马面）—G0188（止点、断点）间墙体

彩图六八七　郭家窑长城 G 0229（起点、麻地沟 6 号马面）—G 0239（郭家窑 6 号马面）间墙体

彩图六八八　半山长城 2 段 G 0277（断点）处墙体剖面

彩图六八九　黄草梁长城 G 0289（断点）间墙体

彩图六九○　河西长城1段 G 0366（拐点）—G 0371（拐点）间墙体

彩图六九一　大水口长城1段墙体

彩图六九二　朔宁堡全景

彩图六九三　阳方口2号堡残存堡墙

彩图六九四　二马营堡内部

彩图六九五　宁化古城西墙

彩图六九六　宁化古城南门内侧

彩图六九七　阳方口1号敌台东侧

彩图六九九　阳方口1号敌台北侧

彩图六九八　阳方口1号敌台西侧

彩图七〇〇　阳方口1号敌台南壁门洞

彩图七〇一　阳方口1号敌台内部

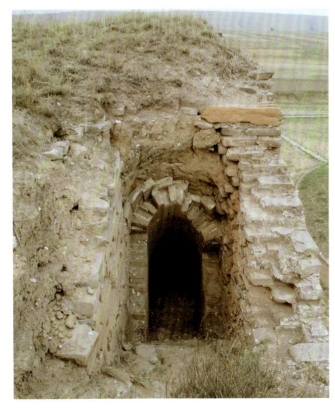

彩图七〇二　阳方口1号敌台登顶步道

彩图七〇三　阳方口2号敌台东侧

彩图七〇四　阳方口2号敌台北侧

彩图七〇五　洞上4号马面与洞上长城3段关系

彩图七〇六　阳方口4号马面西北侧

彩图七〇七　宽草坪1号烽火台

彩图七〇八　贾家窑烽火台东侧

彩图七〇九　半山1号烽火台

彩图七一〇　半山2号烽火台

彩图七一一　东麻地沟烽火台南侧

彩图七一二　下白泉烽火台东侧

彩图七一三　项家山烽火台南侧

彩图七一四　东梁坡烽火台

彩图七一五　上鸾桥烽火台南侧

彩图七一六　宁化烽火台南侧

彩图七一七　宽草坪1号壕沟

彩图七一八　盘道梁挡马墙

彩图七一九　铁箭头

彩图七二〇　龙元长城1段G0006（龙元1号马面）—G0010（龙元2号马面）间墙体

彩图七二一　龙元长城2段G0043（龙元8号马面）—G0057（止点、断点）间墙体

彩图七二二　项家沟长城1段G0070（项家沟6号马面）—G0085（项家沟11号马面）间墙体

彩图七二三　项家沟长城1段G0080（项家沟2号敌台）—项家沟长城3段墙体

彩图七二四　项家沟长城3段墙体与项家沟壕沟关系

彩图七二五　丁庄窝长城墙体

彩图七二六　丁庄窝长城女墙

彩图七二七　鹞子沟长城1段与朔城区勒马沟外长城关系

彩图七二八　鹞子沟长城2段 G 0153（鹞子沟19号马面）—G 0162（鹞子沟24号马面）间墙体

彩图七二九　鹞子沟长城2段 G 0164（鹞子沟26号马面）—鹞子沟长城3段 G 0177（鹞子沟34号马面）间墙体

彩图七三〇　南寨长城1段墙体

彩图七三一　南寨长城2段 G 0193（起点、南寨 8 号马面）—G 0200（南寨 13 号马面）间墙体

彩图七三二　野猪口长城1段G0212（拐点）—G0220（止点、野猪口3号马面）间墙体

彩图七三三　野猪口长城1段G0218（野猪口2号马面）—野猪口长城2段G0229（野猪口4号马面）间墙体

彩图七三四　野猪口长城3段G 0241（断点）—G 0255（止点、断点）间墙体

彩图七三五　青羊泉堡内部西北侧

彩图七三六　达木河堡东墙

彩图七三七　大井沟2号堡内部

彩图七三八　八角堡东墙

彩图七三九　八角堡南门

彩图七四〇　下石会堡西北角外侧

彩图七四一　南寨1号马面夯层

彩图七四二　丁庄窝4号烽火台

彩图七四三　辛窑2号烽火台

彩图七四四　斗沟5号烽火台

彩图七四五　达木河烽火台

彩图七四六　小严备烽火台

彩图七四七　王家寨烽火台

彩图七四八　仁义烽火台

彩图七四九　石板沟长城1段墙体

彩图七五〇　靳家洼长城2段 G 0040（朔015马面）—G 0046（朔020马面）间墙体

彩图七五一　石湖岭长城1段墙体

彩图七五二　石湖岭长城2段墙体与马面

彩图七五三　口里歇头场长城1段墙体与马面

彩图七五四　利民堡长城1段全景

彩图七五五　利民堡长城2段墙体与马面

彩图七五六　蒋家峪长城1段墙体与马面

彩图七五七　蒋家峪长城2段 G 0299（朔172号马面）—G 0304（朔174号马面）间墙体和东侧蒋家峪壕沟

彩图七五八　勒马沟外长城墙体

彩图七五九　小莲花堡全景

彩图七六〇　东榆林堡北墙

彩图七六一　马邑城南墙内侧

彩图七六二　马邑城北墙东段外侧

彩图七六三　马邑城东门外瓮城
　　　　　　东门外侧

彩图七六四　马邑城东南角台和
　　　　　　南墙马面

彩图七六五　朔州城东墙南段与南墙东段

彩图七六六　朔州城南墙内侧

彩图七六七　朔州城西墙内侧

彩图七六八　朔州城北墙西段与西墙北段

彩图七六九　朔州城南门外侧

彩图七七〇　朔州城南门内侧

彩图七七一　朔州城南门"承恩门"石匾

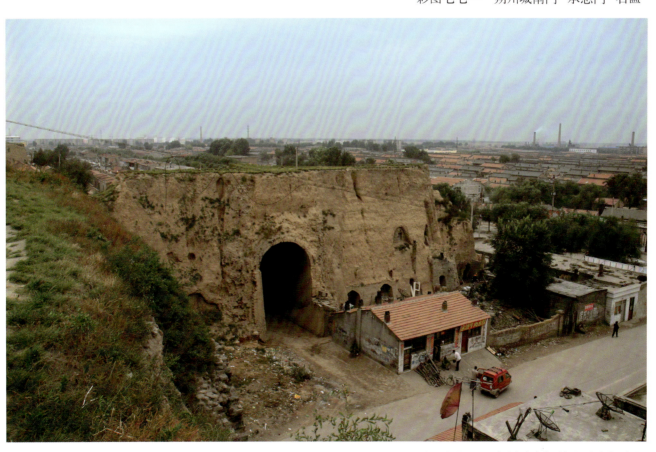

彩图七七二　朔州城南门外瓮城东门内侧

彩图七七三　朔州城南墙马面

彩图七七四　朔州城西墙马面

彩图七七五　马营堡南墙东段外侧

彩图七七六　马营堡北墙东段外侧

彩图七七七　人头帽烽火台南侧

彩图七七八　东榆林烽火台西侧

彩图七七九　烟墩烽火台西南侧

彩图七八〇　六郎山烽火台西南侧

彩图七八一　下磨石沟烽火台东侧

彩图七八二　李家窑烽火台西南侧

彩图七八三　下寨 1 号烽火台西南侧面

彩图七八四　下寨 1 号烽火台西壁登顶踏道

彩图七八五　陈家窑烽火台西南侧

彩图七八六　南辛寨烽火台东南侧

彩图七八七　正峪村2号烽火台东南侧

彩图七八八　保全庄烽火台南侧

彩图七八九　暖崖烽火台

彩图七九〇　白釉褐花瓷碗残片

彩图七九一　北场长城1段 G 0006（断点）—G 0011（拐点）间墙体

彩图七九二　北场长城1段 G 0009（拐点）—G 0014（止点、北场3号马面）间墙体

彩图七九三　北场长城2段墙体夯层

彩图七九四　北场长城1段G0011（拐点）—北场长城2段G0015（断点）间墙体

彩图七九五　北场长城2段G0018（北场1号敌台）—G0025（北场2号敌台）间墙体

彩图七九六　大庄窝长城1段G0029（断点）—G0032（大庄窝2号马面）间墙体

彩图七九七　北场长城2段G 0021（北场4号马面）— 大庄窝长城1段G 0035（大庄窝敌台）间墙体

彩图七九八　大庄窝长城1段G 0035（大庄窝敌台）— 大庄窝长城2段G 0049（止点、大庄窝4号马面）间墙体

彩图七九九　大庄窝长城3段G0049（起点、大庄窝4号马面）—G0053（拐点）间墙体

彩图八〇〇　大庄窝长城3段G0053（拐点）—G0058（断点）间墙体

彩图八〇一　大庄窝长城3段 G0056（大庄窝8号马面）—G0063（止点、大庄窝9号马面）间墙体

彩图八〇二　大庄窝长城4段 G0063（起点、大庄窝9号马面）—G0065（大庄窝10号马面）间墙体

彩图八〇三　大庄窝长城4段 G0070（大庄窝11号马面）—G0071（止点、断点）间墙体

彩图八〇四　南泉寺长城 G0007'（南泉寺2号马面）—G0011'（断点）间墙体及与南泉寺1号壕沟关系

彩图八〇五　南泉寺长城 G 0008'（南泉寺 3 号马面）—G 0011'（断点）间墙体及与南泉寺 2、4 号壕沟关系

彩图八〇六　大庄窝长城 4 段 G 0063（起点、大庄窝 9 号马面）— 地椒峁长城 1 段 G 0083（断点）间墙体

彩图八〇七　地椒峁长城1段 G 0072（断点）—G 0084（断点）间墙体

彩图八〇八　南梁上长城1段 G 0106（南梁上1号马面）西南侧登城步道

彩图八〇九　南梁上长城1段 G 0114（断点）—G 0118（南梁上敌台）间墙体

彩图八一〇　老营长城2段 G 0133（断点）西北侧登城步道

彩图八一一　老营长城2段女墙

彩图八一二　老营长城2段北段与边墙上长城1段西段墙体

彩图八一三　边墙上长城1段东段墙体

彩图八一四　史家圪台长城1段G0192（断点）—G0193（断点）间墙体消失

彩图八一五　史家圪台长城1段G0196（拐点）—G0198（史家圪台敌台）间墙体

彩图八一六　史家圪台长城1段北段墙体

彩图八一七　史家圪台长城2段墙体

彩图八一八　柏杨岭长城2段（左侧）与内蒙古调查柏杨岭长城1段（右侧）关系

彩图八一九　柏杨岭长城2段与内蒙古调查阴王沟长城、柏杨岭长城1段交汇

彩图八二〇　柏杨岭长城2段 G 0244（拐点）南侧墙体

彩图八二一　大嘴长城墙体

彩图八二二　五铺梁长城 G 0305（断点）—G 0307（断点）间墙体

彩图八二三　五铺梁长城 G 0305（断点）—G 0307（断点）间墙体与黄河关系

彩图八二四　尖次湾长城墙体

彩图八二五　尖次湾长城 G 0328（折点）—G 0329（折点）间石桥

彩图八二六　关河口长城 G 0003′（断点）—G 0005′（断点）间墙体

彩图八二七　天峰坪长城墙体

彩图八二八　天峰坪长城 G 0358（断点）—G 0362（断点）间墙体

彩图八二九　天峰坪长城 G 0372（断点）—G 0373（断点）间墙体

彩图八三〇　石峁长城 1 段山险

彩图八三一　石峁长城2段G0384（拐点）—G0385（断点）间墙体

彩图八三二　寺沟长城G0403（寺沟1号马面）—G0404（断点）间墙体

彩图八三三　寺沟长城 G 0416（断点）—G 0417（折点）间墙体

彩图八三四　寺沟长城G0426（寺沟2号敌台）—G0431（寺沟4号敌台）间墙体

彩图八三五　北场关内部

彩图八三六　上子房堡全景

彩图八三七　老营堡全景

彩图八三八　老营堡西墙外侧

彩图八三九　老营堡东门外侧

彩图八四〇　老营堡东门外瓮城

彩图八四一　教儿墕堡南门外瓮城

彩图八四二　贾堡村堡北墙及东北角台、北墙马面

彩图八四三　老牛湾堡"老牛湾堡"石碑

彩图八四四　万家寨堡全景

彩图八四五　万家寨堡内堡南门

彩图八四六　桦林堡远景

彩图八四七　桦林堡东墙

彩图八四八　桦林堡南门外瓮城东门外侧　　　　彩图八四九　桦林堡堡内南门

彩图八五〇　桦林堡堡内南门登城步道

彩图八五一　寺墕堡西南侧

彩图八五二　沙圪旦堡全景

彩图八五三　马站堡西半部全景

彩图八五四　马站堡堡墙外侧

彩图八五五　北场1号敌台南侧与北场长城2段关系

彩图八五六　北场2号敌台南侧

彩图八五七　大庄窝敌台西侧与大庄窝长城1段关系

彩图八五八　南梁上敌台东北侧

彩图八五九　史家圪台敌台南侧与史家圪台长城1段关系

彩图八六〇　望河楼敌台东北侧

彩图八六一　石峁敌台东北侧

彩图八六二　寺沟1号敌台南侧

彩图八六三　寺沟2号敌台北侧

彩图八六四　寺沟3号敌台南侧

彩图八六五　寺沟4号敌台南侧

彩图八六六　寺沟5号敌台南侧

彩图八六七　北场3号马面东侧

彩图八六八　北场4号马面西北侧

彩图八六九　北场5号马面南侧

彩图八七〇　大庄窝1号马面东侧

彩图八七一　大庄窝2号马面东侧

彩图八七二　大庄窝3号马面东北侧

彩图八七三　大庄窝4号马面东侧

彩图八七四　大庄窝5号马面东北侧

彩图八七五　大庄窝6号马面西侧

彩图八七六　大庄窝10号马面南侧

彩图八七七　大庄窝11号马面南侧

彩图八七八　南泉寺2号马面西侧

彩图八七九　地椒峁1号马面南侧

彩图八八〇　地椒峁3号马面南侧

彩图八八一　地椒峁5号马面南侧

彩图八八二　南梁上1号马面南侧

彩图八八三　南梁上2号马面南侧

彩图八八四　柏杨岭1号马面南侧

彩图八八五　柏杨岭2号马面
南侧

彩图八八六　柏杨岭4号马面
南侧

彩图八八七　柏杨岭5号马面
南侧

彩图八八八　柏杨岭6号马面东南侧

彩图八八九　柏杨岭7号马面与柏杨岭长城2段关系

彩图八九〇　大嘴2号马面东南侧

彩图八九一　寺沟2号马面西侧

彩图八九二　寺沟3号马面西侧

彩图八九三　南泉寺2号烽火台

彩图八九四　南泉寺2号烽火台周围的三重围墙

彩图八九五　地椒峁烽火台北侧

彩图八九六　安儿沟烽火台东南侧

彩图八九七　南梁上烽火台东侧

彩图八九八　老营1号烽火台

彩图八九九　老营2号烽火台

彩图九〇〇　老营4号烽火台北侧

彩图九〇一　老营5号烽火台东北侧

彩图九〇二　边墙上1号烽火台东北侧

彩图九〇三　边墙上2号烽火台东北侧

彩图九〇四　边墙上3号烽火台

彩图九〇五　史家圪台1号烽火台

彩图九〇六　史家圪台2号烽火台

彩图九〇七　史家圪台2号烽火台台基石券拱门

彩图九〇八　史家圪台3号
烽火台

彩图九〇九　史家圪台4号
烽火台

彩图九一〇　史家圪台5号
烽火台

彩图九一一　老牛湾烽火台

彩图九一二　榆树塔烽火台
　　　　　　东南侧

彩图九一三　东长嘴1号
　　　　　　烽火台

彩图九一四　辛庄窝烽火台

彩图九一五　暗地庄窝烽火台

彩图九一六　五铺梁1号烽火台

彩图九一七　五铺梁2号烽火台

彩图九一八　五铺梁3号烽火台

彩图九一九　小寨1号烽火台

彩图九二〇　小寨2号烽火台

彩图九二一　尖次湾2号烽火台

彩图九二二　尖次湾1号烽火台

彩图九二三　柴家岭烽火台

彩图九二四　关河口1号烽火台

彩图九二五　关河口 2 号烽火台

彩图九二六　关河口 3 号烽火台

彩图九二七　天峰坪 1 号烽火台

彩图九二八　天峰坪 3 号烽火台

彩图九二九　前梁烽火台东侧

彩图九三〇　石峁 1 号烽火台

彩图九三一　石峁2号烽火台南侧

彩图九三二　石峁3号烽火台

彩图九三三　石峁4号烽火台西南侧

彩图九三四　石峁5号烽火台

彩图九三五　教子沟1号烽火台南侧

彩图九三六　教子沟2号烽火台

彩图九三七　新庄窝1号
烽火台

彩图九三八　柏树峁1号
烽火台

彩图九三九　柏树峁3号
烽火台

彩图九四〇　王罗嘴2号
烽火台

彩图九四一　店棒子烽火台
东北侧

彩图九四二　黄雨梁烽火台

彩图九四三　古寺1号烽火台东南侧　　　　　　　　　　彩图九四四　古寺2号烽火台西南侧

彩图九四六　草垛山2号烽火台　　　　　　　　　　　　彩图九四七　王关垚烽火台

彩图九四五　草垛山1号烽火台

彩图九四八　高峁烽火台东南侧

彩图九四九　教官嘴1号烽火台东北侧

彩图九五〇　营盘梁1号烽火台东南侧

彩图九五一　后嘹高山烽火台南侧

彩图九五二　大阳坡烽火台南侧

彩图九五三　洪水沟烽火台西南侧

彩图九五四　走马嫣烽火台西北侧

彩图九五五　上土寨村烽火台南侧

彩图九五六　八柳树1号烽火台西侧

彩图九五七　张家墕烽火台东南侧

彩图九五八　马站烽火台

彩图九五九　沙圪旦烽火台西南侧

彩图九六〇　泥墕1号烽火台东北侧

彩图九六一　沈家村3号烽火台南侧

彩图九六二　西沟2号烽火台西南侧

彩图九六三　西沟3号烽火台南侧

彩图九六四　磁窑沟烽火台东侧

彩图九六五　路铺烽火台东侧

彩图九六六　窑头烽火台南侧

彩图九六七　南窑头2号烽火台

彩图九六八　大虫岭2号烽火台

彩图九六九　杨家山烽火台西侧

彩图九七〇　尹家塬烽火台
南侧

彩图九七一　冉家营烽火台

彩图九七二　大石窊烽火台
东北侧

彩图九七三　护宁寺南殿南侧
　　　　　全景

彩图九七四　护宁寺钟楼

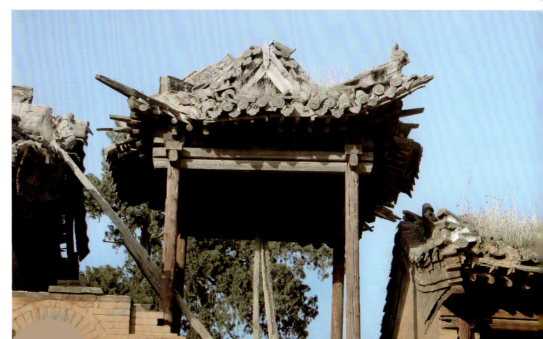

彩图九七五　护宁寺鼓楼

彩图九七六　护宁寺东厢房

彩图九七七　护宁寺西厢房

彩图九七八　老牛湾1号碑　　　　　　　　　　　　　　　　　　　　　彩图九七九　老牛湾2号碑

彩图九八〇　老牛湾3号碑　　　　　　　　　　　　　　　　　　　　　彩图九八一　老牛湾5号碑

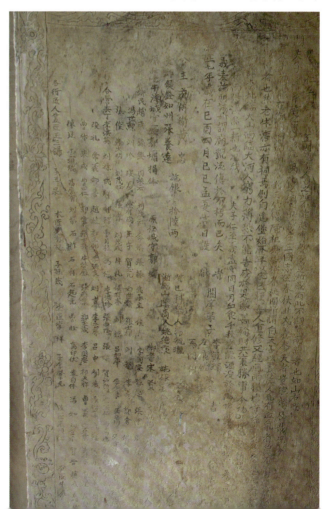

彩图九八二　南泉寺2号壕沟

彩图九八三　梁家碛长城1段 G0024（断点）—G0025（梁家碛2号敌台）间墙体

彩图九八四　梁家碛长城2段 G 0042（断点）—G 0043（拐点）间墙体

彩图九八五　梁家碛长城2段 G 0042（断点）—G 0048（断点）间墙体

彩图九八六　马连口长城墙体

彩图九八七　罗圈堡长城墙体

彩图九八八　焦尾城长城1段G0125（焦尾城1号敌台）—G0126（焦尾城2号敌台）间墙体

彩图九八九　北元长城1段G0150（起点、断点）—G0151（北元敌台）间墙体西北侧

彩图九九〇　北元长城2段 G 0159（断点）—G 0161（止点、断点）间墙体西北侧

彩图九九一　铁果门长城 G 0168（断点）—G 0170（断点）间墙体北侧登墙步道

彩图九九二　铁果门长城 G 0171（断点）—G 0175（铁果门敌台）间墙体

彩图九九三　唐家会长城墙体

彩图九九四　唐家会外长城墙体

彩图九九五　船湾长城1段 G 0193（断点）—G 0194（止点、断点）间墙体

彩图九九六　五花城堡长城 G 0199（断点）—G 0200（断点）间墙体西侧

彩图九九七　五花城长城 G 0209（断点）—G 0210（断点）间墙体西南侧

彩图九九八　阳面长城 G 0238（断点）—G 0239（断点）间墙体西侧

彩图九九九　石城关关墙外侧

彩图一〇〇〇　楼子营关全景

彩图一〇〇一　石坡子关北侧

彩图一〇〇二　北元关敌台东侧

彩图一〇〇三　罗圈堡东南侧

彩图一〇〇四　河保营堡西门内侧

彩图一〇〇五　五花城堡西北侧

彩图一〇〇六　夏营堡南门外侧

彩图一〇〇七　石梯子堡主堡内部

彩图一〇八　石梯子堡东侧土堡东墙

彩图一〇九　旧县堡堡墙

彩图一〇一〇　坪头1号烽火台

彩图一〇一一　阳尔塔1号烽火台

彩图一〇一二　董家庄1号
烽火台

彩图一〇一三　唐家会1号烽
火台西南侧

彩图一〇一四　船湾2号
烽火台

彩图一〇一五　夏营烽火台东侧

彩图一〇一六　阳面烽火台

彩图一〇一七　东铺路烽火台西南侧

彩图一〇一八　魏善坡烽火台

彩图一〇一九　杨家地村南侧长城 G0084（起点、
断点）—G0085（断点）间墙体

彩图一〇二〇　杨家地村西侧长城 2 段 G0083（起点、
断点）—G0082（断点）间墙体

彩图一〇二一　杨家地村西侧长城1段全景

彩图一〇二三　杨家地村西侧长城1段 G 0077（拐点）—
　　　　　　　G 0076（拐点）间墙体东侧

彩图一〇二二　杨家地村西侧长城1段 G 0077（拐点）—
　　　　　　　G 0076（拐点）间墙体顶部

彩图一〇二四　皇后岭村南侧长城全景

彩图一〇二五　皇后岭村南侧长城 G 0053（拐点）处
　　　　　　　墙体西侧

彩图一〇二六　皇后岭村南侧长城 G 0049（止点、断点）处剖面

彩图一〇二七　长宁村南侧长城 6 段 G 0044（拐点）处墙体

彩图一〇二八　长宁村南侧长城5段 G 0038（断点）—G 0036（拐点）间墙体

彩图一〇二九　长宁村南侧长城5段 G 0035（拐点）处墙体西侧

彩图一〇三〇　长宁村南侧长城第4段全景

彩图一〇三一　长宁村南侧长城3段 G0017（拐点）—G0018（拐点）间墙体西侧

彩图一〇三二　长宁村南侧长城3段G0018（拐点）—G0021（断点）间墙体

彩图一〇三三　长宁村南侧长城2段G0023（起点、断点）—G0028（拐点）间墙体及西南侧长宁村南侧2号采石场

彩图一〇三四　长宁村南侧长城1段
　　　　　　 G0004（拐点）—
　　　　　　 G0003（拐点）间墙体
　　　　　　 西北侧

彩图一〇三五　长宁村南侧长城1段
　　　　　　 G0003（拐点）附近
　　　　　　 墙体内部结构

彩图一〇三六　长宁村南侧长城1段
　　　　　　 （近处）与长宁村北侧
　　　　　　 长城1段（远处）关系

彩图一〇三七　长宁村北侧长城1段
G 0056（起点、断点）—G 0058（拐点）墙体东侧

彩图一〇三八　长宁村北侧长城1段
G 0056（起点、断点）—G 0058（拐点）墙体西侧

彩图一〇三九　长宁村北侧长城1段
G 0063（拐点）G 0066（止点、拐点）间墙体

彩图一〇四〇　长宁村北侧2段 G 0067（拐点）—G 0068（止点、拐点）间墙体南侧

彩图一〇四一　长宁村北侧长城2段 G 0068（止点、拐点）北侧障墙

彩图一〇四二　长宁村北侧长城3段 G 0070（拐点）
　　　　　　 处墙体

彩图一〇四三　杨家地村西侧1号敌台与长城墙体的
　　　　　　 关系

彩图一〇四四　杨家地村西侧
　　　　　　　1号敌台

彩图一〇四五　杨家地村关门所处
　　　　　　　地势

彩图一〇四六　杨家地村关门西侧

彩图一〇四七　杨家地村关门断面

彩图一〇四八　杨家地村关门石拱

彩图一〇四九　"中州外翰"石匾（浅字）拓碑

彩图一〇五〇　"中州外翰"石匾（深字）

彩图一〇五一　铁铳

彩图一〇五二　盘垴村东南侧
　　　　　　　长城全景

彩图一〇五三　盘垴村东南侧
　　　　　　　长城G0007(止
　　　　　　　点)处墙体

彩图一〇五四　摩天岭长城
　　　　　　　全景

彩图一〇五五　黄泽关堡北门
　　　　　　　外侧

彩图一〇五六　黄泽关堡北门
　　　　　　　石匾

彩图一〇五七　黄泽关堡北门
　　　　　　　门洞地面

彩图一〇五八　黄泽关堡北门内侧及街道

彩图一〇五九　黄泽关堡内西北土台上的柱础

彩图一〇六〇　黄泽关堡内东北的现代庙宇

彩图一〇六一　黄泽关关门南侧

彩图一〇六二　黄泽关关门与盘垴
村东南侧长城关系

彩图一〇六三　黄泽关关道路面

彩图一〇六四　峻极关关门北侧

彩图一〇六五　峻极关关门南侧

彩图一〇六六　峻极关关门顶部

彩图一〇六七 "峻极关"石匾

彩图一〇六八 城堡图碑拓片

彩图一〇六九　大西庄村西侧长城
　　　　　　　　1段全景及所处地势

彩图一〇七〇　大西庄村西侧长城
　　　　　　　　1段 G0005（断
　　　　　　　　点）—G0004（断点）
　　　　　　　　间 夫 子 岭 关 关 道

彩图一〇七一　大西庄村西侧长城
　　　　　　　　2段 G0014（节 点、
　　　　　　　　拐点）—G0015（节
　　　　　　　　点、拐点）间障墙

彩图一〇七二　王山铺村西侧长城
　　　　　　　1段墙体顶部

彩图一〇七三　王山铺村西侧长城
　　　　　　　2段全景

彩图一〇七四　王山铺村西侧长城3段
　　　　　　　G 0030（拐点）东北侧
　　　　　　　墙体

彩图一〇七五　王山铺村西侧长城4、5段全景

彩图一〇七六　王山铺村西侧长城4段 G 0041（拐点）—G 0043（拐点）间墙体顶部

彩图一〇七七　翠羊山长城 G 0134（第一道墙体起点，第三道墙体止点、拐点）—G 0135（第一道墙体拐点、翠羊山2号居住址）间墙体顶部

彩图一〇七八　石板房村西北侧长城1段 G 0151
　　　　　　　（起点、断点）—G 0152（断点）
　　　　　　　间墙体顶部

彩图一〇七九　石板房村西北侧长城2段全景

彩图一〇八〇　支锅石关堡东门外侧

彩图一〇八一　支锅石关堡东门内侧

彩图一〇八二　支锅石关堡东门西侧堡墙2段内侧全景

彩图一〇八三　支锅石关堡东门西侧堡墙2段外侧

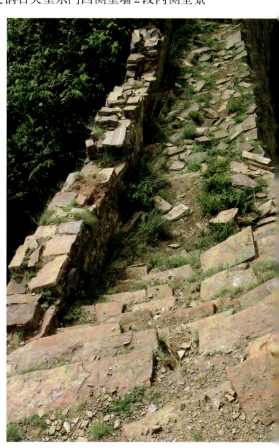

彩图一〇八四　支锅石关堡东门西侧
堡墙2段拐角处墙体
顶部的阶梯

彩图一〇八五　支锅石关堡东门西侧堡墙2段垛口与射孔内侧　　　彩图一〇八六　支锅石关堡东门西侧堡墙2段射孔内侧

彩图一〇八七　支锅石关东门内地势和兵营

彩图一〇八八 黄榆岭关、黄榆岭关北侧敌台全景及与黄榆岭关南侧长城1段、北侧长城1段关系

彩图一〇八九 黄榆岭关关门东侧

彩图一〇九〇 黄榆岭关关门西侧

彩图一〇九一　黄榆岭关关门门扇装置

彩图一〇九二　大西庄西侧敌台及与大西庄村西侧长城2段关系

彩图一〇九三　黄榆岭关北侧敌台西北侧

彩图一〇九四　黄榆岭关北侧敌台
　　　　　　　西北角顶部

彩图一〇九五　杏树湾关关门第一、
　　　　　　　二道墙体

彩图一〇九六　杏树湾关关门地势
　　　　　　　及关道

彩图一〇九七　翠羊山居住址群
　　　　　　　1号居住址

彩图一〇九八　翠羊山居住址
　　　　　　　群2号居住址
　　　　　　　与翠羊山长城
　　　　　　　相连

彩图一〇九九　马陵关西侧长城
　　　　　　　2、3段全景

彩图一一〇〇　马岭关西侧长城2、3段与北侧长城1～3段及马陵关关门关系

彩图一一〇一　马陵关西侧长城2段 G 0017（拐点）—G 0018（止点、断点）间墙体西侧

彩图一一〇二　马陵关西侧长城3段 G 0019（起点、断点）处墙体

彩图一一〇三　马陵关西侧长城3段G0019（起点、断点）—G0020（拐点）间垛口墙

彩图一一〇四　马岭关南侧长城全景

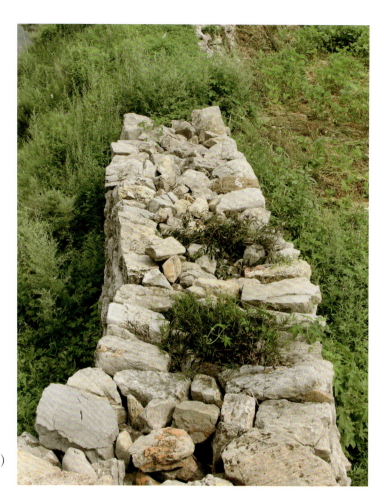

彩图一一〇五　马陵关南侧长城 G 0005（拐点）
　　　　　　—G 0004（拐点）间墙体顶部

彩图一一〇六　马陵关南侧长城 G 0004（拐点）—G 0003（拐点）间垛口墙

彩图一一〇七　马岭关北侧长城1～4段全景

彩图一一〇八　马岭关北侧长城1段与马陵关关门、马陵关1号居住址全景

彩图一一〇九　马岭关北侧长城1段G0023（起点、马陵关关门）—G0024（拐点）间墙体

彩图一一一〇　马岭关北侧长城3段0034（止点、马陵关北侧4号敌台）处墙体和马陵关北侧4号敌台

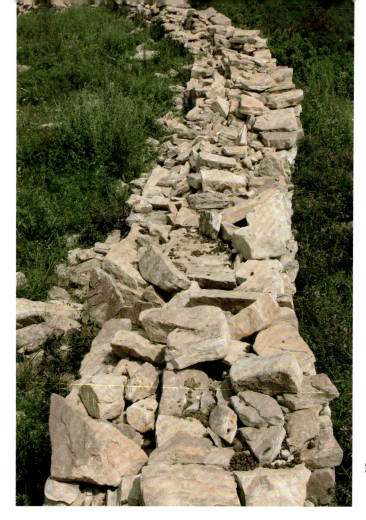

彩图一一一一　里沙瑶村东南侧长城3段 G 0057（起点、断点）—G 0059（拐点）间墙体顶部

彩图一一一二　里沙瑶村东南侧长城3段 G 0057（起点、断点）—G 0059（拐点）间墙体西侧及射孔

彩图一一一三　刀把口村东侧长城3段全景

彩图一一一四　刀把口村东侧长城3段 G 0072
　　　　　　　（起点、断点）处墙体

彩图一一一五　刀把口村东侧长城1段
　　　　　　　G 0067（拐点）—
　　　　　　　G 0066（拐点）间墙体

彩图一一一六　洪甘村南侧长城1段
　　　　　　　G 0130（拐点）—
　　　　　　　G 0129（止点、断点）
　　　　　　　间墙体南侧

彩图一一一七　洪甘村南侧长城
　　　　　　　G 0129（止点、断点）
　　　　　　　处房屋式建筑南侧

彩图一一一八 洪甘村南侧长城1段
G 0129（止点、断点）
处房屋式建筑内部

彩图一一一九 洪甘村北侧长城 G 0123
（拐点）—G 0126（止点、
断点）间新修石墙

彩图一一二〇 洪甘村北侧长城 G 0125
（拐点）处新修关门北侧

彩图一一二一 口上村东侧长城2段 G0098（止点、口上村东侧敌台）附近墙体与口上村东侧敌台关系

彩图一一二二 口上村东侧长城1段 G0095（拐点）—G0094（拐点）间山险

彩图一一二三　鹤度岭关堡全景

彩图一一二四　鹤度岭关堡南墙、西墙外侧

彩图一一二五　鹤度岭关堡西墙内侧

彩图一一二六　鹤度岭关堡西墙顶部

彩图一一二七　鹤度岭关堡北墙外侧

彩图一一二八　鹤度岭关堡北墙内侧

彩图一一二九　鹤度岭关堡内的摩崖题刻

彩图一一三〇　鹤度岭关堡内的摩崖题刻"鹤度仙踪"

彩图一一三一　鹤度岭关堡内的摩崖题刻"万年天险"

彩图一一三二　马岭关北侧2号敌台

2853

彩图一一三三　马岭关北侧4号敌台北侧

彩图一一三四　刀把口村东侧敌台南侧

彩图一一三五　刀把口村东侧敌台北壁坍塌情况

彩图一一三六　口上村东侧敌台北侧

彩图一一三七　口上村南侧1号烽火台远景

彩图一一三八　口上村南侧1号烽火台

彩图一一三九　口上村北侧烽火台远景

彩图一一四〇　口上村北侧烽火台顶部排水设施

彩图一一四一　中渡海村烽火台远景

彩图一一四二　中渡海村烽火台东北侧

彩图一一四三　杜庄村烽火台

彩图一一四四　杜庄村烽火台南壁夯层

彩图一一四五 段岭关关门西侧

彩图一一四六 段岭关关门东侧

彩图一一四七　白皮关关门东侧

彩图一一四八　白皮关关门西侧

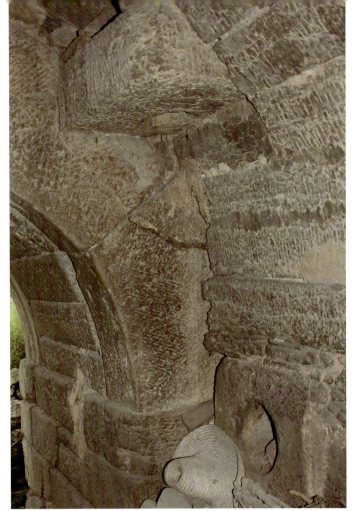

彩图一一四九　白皮关关门洞内设施

彩图一一五〇　白皮关关门匾额

彩图一一五一 七亘村东侧长城1、
2段全景

彩图一一五二 七亘村东侧长城1
段G0004（断点）—
G0005（止点、断点）
间"古东口"西侧

彩图一一五三 七亘村东侧长城1
段G0004（断点）—
G0005（止点、断点）
间"古东口"东侧

彩图——五四　将军峪村南侧长城1段全景

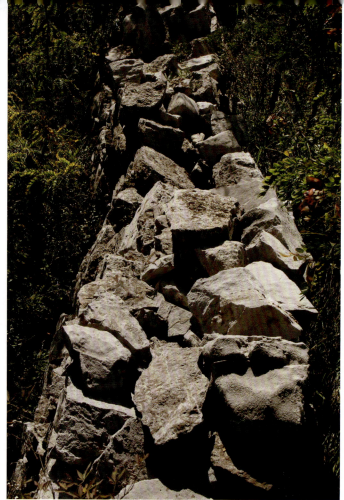

彩图——五五　将军峪村南侧长城1段 G 0049（拐点）—G 0050（断点）间墙体顶部

彩图——五六　将军峪村南侧长城4段 G 0063（起点、将军峪村南侧1号敌台）—G 0064（拐点）间墙体顶部

彩图——五七　将军峪村西南侧长城 G 0080（断点）—G 0081（断点）间墙体西壁夯层

彩图一一五八　将军峪村西侧
　　　　　　长城全景

彩图一一五九　将军峪村西侧长
　　　　　　城 G 0087（断
　　　　　　点）—G 0088（断
　　　　　　点）间墙体东侧

彩图一一六〇　将军峪村北侧长
　　　　　　城1段 G 0103（断
　　　　　　点）—G 0104（拐
　　　　　　点）间墙体

彩图一一六一　将军峪村北侧长城1段和2段相交于将军峪村北侧敌台

彩图一一六三　将军峪村北侧长城2段 G 0107（拐点）—G 0108（拐点）间墙体顶部石梯

彩图一一六二　将军峪村北侧长城2段 G 0107（拐点）附近墙体西侧

彩图一一六四　将军峪村北侧长城2段　G0107（拐点）—G0109（拐点）间墙体

彩图一一六五　将军峪村北侧长城3段全景

彩图一一六六　将军峪村北侧长城3段　G0123（拐点）—G0124（拐点）间墙体东北侧

彩图一一六七　将军峪村北侧长城3段G0135（将军峪村北侧4号居住址、拐点）—G0136（拐点）间墙体顶部垛口墙

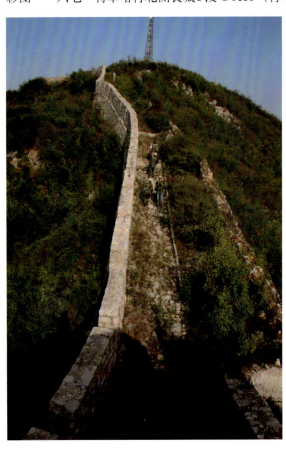

彩图一一六八　新关村南侧长城与将军峪村北侧长城3段关系

彩图一一六九　新关村南侧长城 G 0140（新关村南侧 2 号敌台）两侧墙体

彩图一一七〇　新关村西侧长城 1 段新关村西侧 1 号敌台两侧墙体

彩图一一七一　新关村西侧长城2段 G 0179（断点）—G 0182（止点、新关村西侧5号敌台）间墙体

彩图一一七二　白石头村东南侧长城1段及白石头村东侧长城1段～3段

彩图一一七三　白石头村东南侧长城1段 G 0235（拐点）—G 0233（拐点）间墙体与阎氏封锁墙关系

彩图一一七四　白石头村东侧长城1段G0204（起点、断点）—G0205（拐点）间墙体

彩图一一七五　白石头村东侧长城3段G0208（起点、拐点）—G0215（拐点）间墙体南侧

彩图一一七六　杨树庄村东侧长城全景

彩图一一七七　杨树庄村东侧长城 G 0220（拐点）—G 0218（拐点）间墙体

彩图一一七八　固关和新关村南侧长城、西侧长城1段

彩图一一七九　固关水东门西侧上部

彩图一一八〇　固关水东门门洞西侧

彩图一一八一　固关水东门东侧

彩图一一八二　固关水西门门洞

彩图一一八三　固关瓮城门西侧

彩图一一八四　固关瓮城门东侧

彩图一一八五　固关瓮城

彩图一一八六　娘子关堡

彩图一一八七　娘子关堡东墙南段

彩图一一八八　娘子关堡北墙
　　　　　　　中夹杂的砖块
　　　　　　　和陶瓷碎片

彩图一一八九　娘子关堡
　　　　　　　南门远景

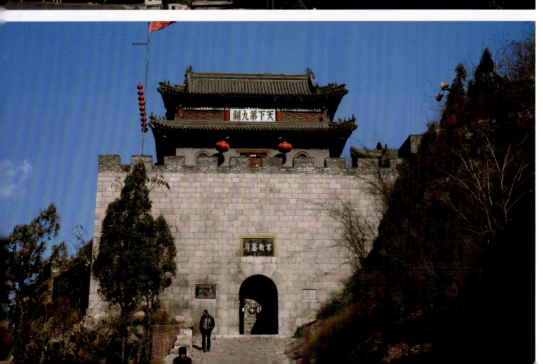

彩图一一九〇　娘子关堡
　　　　　　　南门南侧

彩图一一九一　娘子关堡东门东侧

彩图一一九二　娘子关堡东门西侧

彩图一一九三　将军峪村南侧1号敌台

彩图一一九四　将军峪村南侧2号敌台南部遭取土挖损

彩图一一九五　将军峪村南侧2号敌台南侧山坡上的石槽　　彩图一一九六　将军峪村北侧敌台西侧

彩图一一九七　新关村南侧1号敌台

彩图一一九八　新关村南侧1号敌台与新关村南侧
　　　　　　　长城关系

彩图一一九九　新关村南侧2号敌台远景

彩图一二〇〇　新关村南侧2号敌台北侧

彩图一二〇一　新关村南侧2号敌台内部

彩图一二〇二　新关村西侧5号敌台与新关村西侧
长城2段关系

彩图一二〇三　杨树庄村东侧敌台与杨树庄村东侧长城关系

彩图一二〇四 杨树庄村东侧敌台西南侧

彩图一二〇五 杨树庄村东侧马面及与杨树庄村东侧长城关系

彩图一二〇六　白灰村西侧烽火台

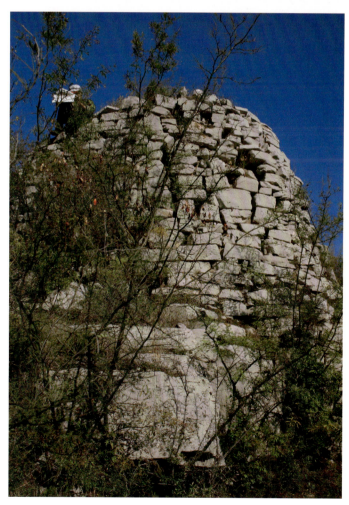

彩图一二〇七　白灰村西侧烽火台南侧

彩图一二〇八　将军峪村北侧
1号烽火台北侧

彩图一二〇九　将军峪村北侧
2号烽火台南侧

彩图一二一〇　将军峪村北侧
2号烽火台西侧

彩图一二一一　将军峪村北侧
　　　　　　　2号烽火台顶面

彩图一二一二　新关村西侧烽
　　　　　　　火台西北侧

彩图一二一三　新关村西侧烽
　　　　　　　火台北侧的羊圈

彩图一二一四 凉沟桥村北侧1号
烽火台东侧

彩图一二一五 凉沟桥村北侧1号
烽火台西侧

彩图一二一六 娘子关村南侧
烽火台南侧

彩图一二一七　娘子关村北侧
　　　　　　　2号烽火台远景

彩图一二一八　娘子关村北侧
　　　　　　　2号烽火台西侧

彩图一二一九　娘子关村北侧
　　　　　　　1号烽火台南壁
　　　　　　　阶梯

彩图一二二〇　小桥铺村北侧烽火台远景

彩图一二二一　小桥铺村南侧烽火台

彩图一二二二　石门口村南侧烽火台东南侧

彩图一二二三　石门口村南侧烽火台东壁夯层

彩图一二二四　新村北侧烽火台

彩图一二二五　鹊山村西北侧烽火台

彩图一二二六　石门关关门全景

彩图一二二七　石门关关门门洞

彩图一二二八　石门关关门石质排水槽

彩图一二二九　将军峪村西侧采石场

彩图一二三〇　将军峪村北侧1、2号居住址全景

彩图一二三一　炮台梁长城1段全景及与炮台梁
　　　　　　烽火台和炮台梁长城2段关系

彩图一二三二　炮台梁长城2段 G0005（止点、拐点）附近有修凿痕迹的大石块

彩图一二三三　炮台梁长城3段全景

彩图一二三四　炮台梁长城3段G0007（拐点）
　　　　　　　西北侧的电线塔架

彩图一二三五　炮台梁长城3段G0008（拐点）
　　　　　　　处墙体

彩图一二三六　炮台梁长城3段
G 0009（炮台梁马
面）—G 0010（断点）
间墙体西侧

彩图一二三七　炮台梁长城3段 G 0005（起点、拐点）—
G 0011（断点）间墙体及与炮台梁长城2段、
炮台梁烽火台关系

彩图一二三八　炮台梁长城3段 G 0010（断点）—
G 0012（止点、不同材质变化点）间
墙体

彩图一二三九　炮台梁长城3段 G 0 0 1 1 （断点）—G 0012（止点、不同材质变化点）间墙体西侧

彩图一二四○　双山村北侧长城全景

彩图一二四二　双山村北侧长城 G 0014（起点）—G 0015（断点）间墙体南侧

彩图一二四一　双山村北侧长城墙体顶部

彩图一二四三　双山村北侧长城阶梯形墙体
　　　　　　　南侧

彩图一二四四　盘里村南侧长城全景

彩图一二四五　孤山西侧长城墙体顶部

彩图一二四六　孤山西南侧长城 G 022（起点、不同
材质变化点）—G 0023（断点）间墙
体

彩图一二四七　六岭关东侧长城 1 段 G 0030（拐点、
六岭关东侧敌台）—G 0029（拐点）
间墙体

彩图一二四八　六岭关东侧长城 1 段
G 0028（断点）—G 0031
（止点、断点）间的公路

彩图一二四九　六岭关西侧长城1段G0033（拐点、六岭关西侧1号敌台）—G0034　彩图一二五〇　六岭关西侧长城2段
（止点、拐点）间墙体

另点）—G 0036（拐点）间墙体顶部　　彩图一二五一　六岭关西侧长城 2 段 G 0036（拐点）处墙体南侧

彩图一二五二　六岭关西侧长城
　　　　　　　3段全景

彩图一二五三　上瓦岔村西侧
　　　　　　　长城1～6段全景

彩图一二五四　上瓦岔村西侧长
　　　　　　　城1段 G 0059(断
　　　　　　　点)—G 0060 (断
　　　　　　　点) 两侧墙体

彩图一二五五　上瓦岔村西侧长城3段G0064（起点、不同材质变化点）—G0066（拐点）间墙体西侧

彩图一二五六　上瓦岔村西侧长城3段G0064（起点、不同材质变化点）—G0067（拐点）间墙体

彩图一二五七　上瓦岔村西侧长城3段G0067（拐点）—G0068（拐点）间的自然巨石

彩图一二五八　上瓦岔村西侧长城4～6段全景

彩图一二五九　上瓦岔村西侧长城4段
　　　　　　　全景

彩图一二六〇　上瓦岔村西侧长城4段
　　　　　　　G0071（起点、拐点）—
　　　　　　　G0072（拐点）间墙体的
　　　　　　　射孔

彩图一二六一　上瓦岔村西侧长城4段 G 0071（起点、拐点）—G 0072（拐点）间墙体的射孔

彩图一二六二　上瓦岔村西侧长城6段全景

彩图一二六三　上瓦岔村西侧
长城6段 G 0079
（拐　点）　—
G 0080（拐　点）
间墙体顶部

彩图一二六四　上瓦岔村西侧
长城6段 G 0083
（拐点）—G 0084
（拐点）间墙体
东侧

彩图一二六五　上瓦岔村西侧长城7段全景

彩图一二六六　上瓦岔村西侧长城7段G 0087（拐点）处的巨石

彩图一二六七　上瓦岔村西侧长城7段G 0089（拐点）—
G 0090（止点、不同材质变化点）间墙体

彩图一二六八　马圈村东侧长城2段全景

彩图一二六九　马圈村东侧长城2段 G 0096（拐点、保存状况变化点）—G 0097（保存状况变化点）间墙体

彩图一二七〇　马圈村东侧长城2段 G 0096（拐点、保存状况变化点）—G 0097（保存状况变化点）间墙体东侧

彩图一二七一　马圈村东侧长城2段 G 0096（拐点、保存状况变化点）—G 0097（保存状况变化点）墙体东侧台阶

彩图一二七二　六岭关西侧1号敌台北侧

彩图一二七三　六岭关西侧2号敌台东南侧

彩图一二七四　炮台梁烽火台西侧　　　　彩图一二七五　炮台梁烽火台西北侧坍塌露出内部结构

彩图一二七六　盘里村南侧烽火台　　　　彩图一二七七　路家峪口村西侧烽火台东南侧

彩图一二七八　刘家沟村东南侧
烽火台

彩图一二七九　上瓦岔村西侧2号
居住址北壁

彩图一二八〇　上瓦岔村西侧5号
居住址

彩图一二八一　大同镇城九龙壁

彩图一二八二　大同镇城主城南墙
正在修缮

彩图一二八三　大同镇城主城西北角
城墙

彩图一二八四　大同镇城主城北墙

彩图一二八五　大同镇城主城南墙及小雁塔

彩图一二八六　大同镇城五龙壁

彩图一二八七　大同镇城上华严寺

彩图一二八八　大同镇城下华严寺

彩图一二八九　大同镇城善化寺

彩图一二九〇　大同镇城代王府故址

彩图一二九一　大同镇城城墙保护标志

彩图一二九二　云冈堡南门残存的砖石

彩图一二九三　云冈堡南门外瓮城

彩图一二九四　云冈堡东墙及东联墙

彩图一二九五　高山城东门外侧

彩图一二九六　高山城东门外瓮城南门内侧

彩图一二九七　高山城东墙遭
铁路破坏

彩图一二九八　高山城南墙遭
洗煤厂破坏

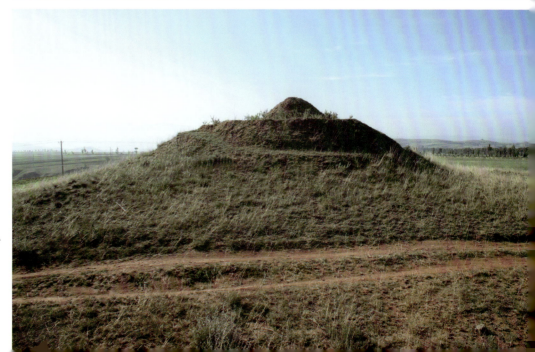

彩图一二九九　窨子沟烽火台

彩图一三〇〇　窨子沟烽火台夯层

彩图一三〇一　南梁顶烽火台

彩图一三〇二　南梁顶烽火台南壁底部洞穴

彩图一三〇三　晋华宫烽火台

彩图一三〇四　晋华宫烽火台东侧

彩图一三〇五　高墩烽火台

彩图一三〇六　高墩烽火台夯层

彩图一三〇七　西万庄烽火台西北侧

彩图一三〇八　聚乐堡粮仓南门外侧

彩图一三〇九　西散岔堡西南侧全景

彩图一三一〇　三十里铺堡西南侧全景

彩图一三一一　上庄堡西南侧全景

彩图一三一二　上庄堡南、北墙及
堡内土台

彩图一三一三　许家庄堡南门内侧

彩图一三一四　许家庄堡南门外
瓮城东门内侧

彩图一三一五　徐疃堡东门外侧

彩图一三一六　罗庄堡东北侧全景

彩图一三一七　罗庄堡南墙外侧

彩图一三一八　长安堡南门外侧

彩图一三一九　鹰嘴墩烽火台东南侧

彩图一三二〇　上庄2号烽火台
西南侧

彩图一三二一　西水峪烽火台
东南侧

彩图一三二二　石仁烽火台西南侧

彩图一三二三　三十里铺 2 号烽火台
东南侧

彩图一三二四　二十里铺烽火台
西南侧

彩图一三二五　肖家窑头 2 号烽火台
东南侧

彩图一三二六　北石山烽火台东南侧

彩图一三二七　寺儿烽火台西南侧

彩图一三二八　固定桥烽火台东侧

彩图一三二九　温庄堡西南侧全景

彩图一三三〇　秀女村堡西墙北段和西北角

彩图一三三一　边店堡东南侧全景

彩图一三三二　边店堡西北侧全景

彩图一三三三　霸王店堡东南角台

彩图一三三四　柳东营堡东南侧全景

彩图一三三五　西安堡东墙南段外侧

彩图一三三六　西安堡南墙西段外侧

彩图一三三七　西安堡北门外瓮城东门外侧

彩图一三三八　西安堡北门外瓮城内部

彩图一三三九　西安堡北门内侧登顶坡道

彩图一三四〇 王皓疃村堡北墙外侧

彩图一三四一 王皓疃村堡东门外侧

彩图一三四二　王皓疃村堡东门内侧

彩图一三四三　百谷寨村堡东墙内壁土台

彩图一三四四　羊圈沟堡西侧全景

彩图一三四五　赵麻寨村堡东墙外侧

彩图一三四六　吴家窑堡西南侧全景

彩图一三四七　吴家窑堡东墙内侧

彩图一三四八 古家坡烽火台东南侧

彩图一三四九 西安堡烽火台东北侧

彩图一三五〇　石庄烽火台
西南侧

彩图一三五一　大峪口1号
烽火台西南侧

彩图一三五二　大峪口2号
烽火台西北侧

彩图一三五三　滋润村2号烽火台南侧

彩图一三五四　红山峪烽火台西南侧

彩图一三五五　碗窑2号烽火台东南侧

彩图一三五六　窑子头烽火台南侧

彩图一三五七　唐山口村长城北侧

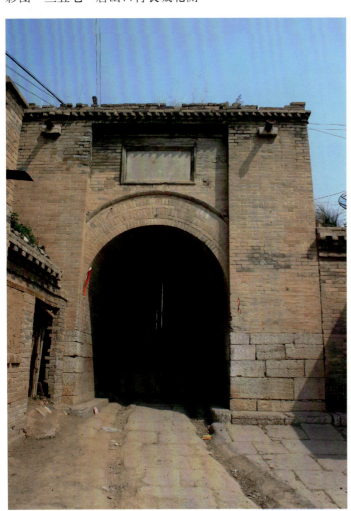

彩图一三五九　殷家庄堡南门内侧

彩图一三五八　殷家庄堡南门外侧

彩图一三六〇　殷家庄堡南门门扇上的文字"天下"

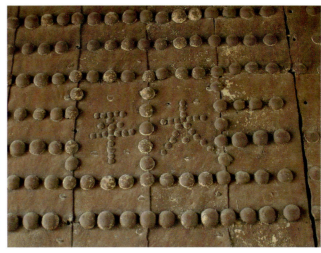

彩图一三六一　殷家庄堡南门门扇上的文字"太平"

彩图一三六二　殷家庄堡南门门轴处铁皮上的文字
"咸丰四年"

彩图一三六三　殷家庄堡南门门轴处铁皮上的文字
"五月成造"

彩图一三六四　殷家庄堡南门门洞内地面

彩图一三六五　殷家庄堡南门外侧石匾

彩图一三六六　西马庄堡南门外侧

彩图一三六七　西马庄堡南门内侧

彩图一三六八　西马庄堡南门门扇上的文字"天下

彩图一三六九　西马庄堡南门门扇上的文字"太平

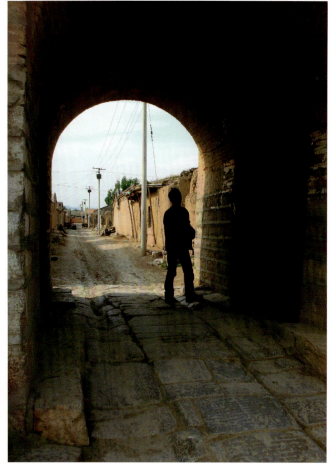

彩图一三七〇　西马庄堡南门内部

彩图一三七一　西马庄堡南门外侧石匾

彩图一三七二　西马庄堡南门内侧石匾

彩图一三七三　井子洼村堡东南
　　　　　　　角台外侧

彩图一三七四　平城北堡北墙
　　　　　　　东段外侧

彩图一三七五　平城北堡内部
　　　　　　　东北部

彩图一三七六　南村堡东门外侧

彩图一三七七　南村堡东门内侧

彩图一三七八　上林关堡东侧全景

彩图一三七九　上林关堡东门外侧

彩图一三八〇　上林关堡东门内侧

彩图一三八一　上林关堡东门外侧
　　　　　　　刻字青砖

彩图一三八二　上林关堡东南角台外侧

彩图一三八四　冯庄1号烽火台东南侧

彩图一三八三　唐山口村敌台西南侧

彩图一三八五　底庄村烽火台西北侧

彩图一三八六　南坪村1号烽火台西南侧

彩图一三八七　南坪村1号烽火台北壁石墙

彩图一三八八　南坪村2号烽火台西南侧

彩图一三九〇　赵家坪村烽火台东侧

彩图一三八九　南坪村2号烽火台南壁台阶

彩图一三九一　上林关村烽火台西南侧远景

彩图一三九二　上林关村烽火台西北侧

彩图一三九三　香炉台村烽火台西南侧

彩图一三九四　晏子村烽火台西侧

彩图一三九五　南崖阁村烽火台
　　　　　　　西侧

彩图一三九六　铁堡村东北侧烽火台
　　　　　　　东北侧

彩图一三九七　铁堡村东北侧烽火台
　　　　　　　西南侧

彩图一三九八　石嘴村东北侧烽火台东南侧

彩图一三九九　石嘴村东北侧烽火台与东南侧围墙

彩图一四〇〇　石嘴村东北侧烽火台西南侧围墙

彩图一四〇一　陡嘴村西北侧烽火台

彩图一四〇二　陡嘴村西北侧烽火台西北角夯层

彩图一四〇三　伏胜村西北侧烽火台西北侧

彩图一四○四　李家庄村北侧烽火台东南侧

彩图一四○五　李家庄村北侧烽火台西侧

彩图一四○六　西龙泉村西侧烽火台东南侧

彩图一四○七　西龙泉村西侧烽火台南壁夯层

彩图一四○八　大王村东侧烽火台

彩图一四○九　大王村东侧烽火台南壁夯层

彩图一四一〇　望景岗村西南侧烽火台北侧

彩图一四一一　下千亩坪村南侧烽火台

彩图一四一二　测石村北侧烽火台

彩图一四一三　韩家营1号烽火台南侧

彩图一四一四　南口烽火台东侧

彩图一四一五　石堤沟5号烽火台南侧

彩图一四一六　石堤沟7号烽火台南侧侧

彩图一四一七　石堤沟10号烽火台南

彩图一四一八　石堤沟13号烽火台西南侧

彩图一四一九　口子3号烽火台西南侧

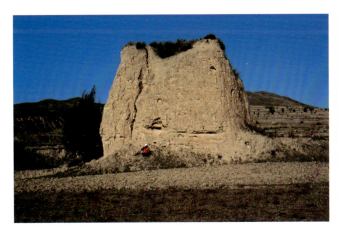

彩图一四二〇　口子5号烽火台东侧

彩图一四二一　口子10号烽火台东侧

彩图一四二二　韩家营5号烽火台南侧

彩图一四二三　大营1号烽火台南侧及台体南侧短墙

彩图一四二四　大营3号烽火台南侧

彩图一四二五　毛家营13号烽火台南侧

彩图一四二六　十五坡5号烽火台
东侧

彩图一四二七　十五坡7号烽火台
南侧

彩图一四二八　十五坡11号烽火台
西南侧

彩图一四二九　石窟 2 号烽火台
西南侧

彩图一四三〇　二十四坡 3 号烽火台
东南侧

彩图一四三一　砖楼沟烽火台东侧

彩图一四三二　马头山1号烽火台西南侧

彩图一四三三　水口烽火台

彩图一四三四　六台洼4号烽火台
南侧

彩图一四三五　威鲁口3号烽火台
西侧

彩图一四三六　威鲁口6号烽火台
东侧

彩图一四三七　七泉台3号烽火台
西南侧

彩图一四三八　七泉台6号烽火台
南侧

彩图一四三九　七泉台8号烽火台
南侧